AF305501

LE CONDOTTIERE

CASTRUCCIO CASTRACANI

MACON, PROTAT FRÈRES, IMPRIMEURS

ANDRÉ LEBEY

Le Condottiere

Castruccio Castracani

Extrait de la *Revue des Études Historiques*

PARIS

ALPHONSE PICARD ET FILS, ÉDITEURS

82, RUE BONAPARTE, 82

1901

A FRANZ FUNCK-BRENTANO

Le Condottiere Castruccio Castracani

« *Castruccius, vir strenuissimus.* » — Jacobus
Philippus Bergomas Augustianus.

Les historiens, les critiques ou les curieux — et je me place surtout parmi les derniers — qui veulent étudier de près la vie de Castruccio Castracani se trouvent en présence d'un cas singulier. La
plupart en effet ont été amenés vers cette belle figure de condottiere
par un des chefs-d'œuvre de Machiavel, « La vie de Castruccio
Castracani de Lucques dédiée à ses amis très chers Zanobi Buondelmonte et Luigi Allamani [1] ». Or, à l'époque où nous en sommes de
l'érudition humaine, il est à peu près prouvé que cette vie est inventée
pour la plus grande part[2], Machiavel ayant surtout voulu sans doute
signifier ce qu'il entendait que fût la vie du capitaine idéal, s'étant
servi d'un des hommes les plus fameux pour l'auréoler selon son
rêve, et, dans un moule parfait, couler le bronze de ses phrases
sèches, nettes et précises. Telle est l'idée de Leibnitz[3] quand il
compare l'ouvrage de Machiavel à la Cyropédie. Il a même été
prouvé en 1875 par un savant italien, M. Trientifallis[4], que la vie
de Castruccio serait la biographie altérée d'Agathoclès, tyran de

---

1. Édition de Venise, 1550, 3 vol. et éditions modernes, dont : *Il principe dell'arte
della guerra e daltri scritti politici*, 1 vol. Milan, Sonzogno, 1888.

2. L'abbé Sallier l'avait déjà fait remarquer autrefois. — Voir : *Histoire de l'Académie royale des Inscriptions et Belles-lettres*, tome VII, p. 320, MDCCXXXIII. — La
vie de Castruccio a été racontée pour la première fois à l'étranger, en espagnol,
d'après Machiavel, par Messie, gentilhomme de Séville, dans ses *Diverses leçons*,
traduites elles-mêmes en français par Claude Gruget en 1572 ; elle a été ensuite
directement traduite de Machiavel par Guillet de Saint-Georges en 1671, puis par
Dreux du Radier (in-8, Paris, 1753), avec des notes critiques.

3. *Corps du droit des gens.*

4. *Archivio veneto*, t. X, juillet-septembre.

Sicile. Il convient donc de voir dans cet ouvrage une sorte de corollaire au *Prince*, ou le *Prince* mis en action, et de n'y puiser des renseignements qu'avec une extrême prudence. Toutefois, on possède des données plus précises : la vie du célèbre tyran a été écrite par Tegrimi, archiprêtre de la cathédrale de Lucques au xve siècle [1] ; il faut y joindre les chroniques historiques de Giovanni Villani qui prit part à la guerre contre Castruccio et qui pilla lui-même, sans jamais la citer, selon la coutume de l'époque, l'histoire de Ricordano Malaspina, celle de Ptolémée de Lucques, celle de Marangoni, celle de Lionardo Arétino, les mémoires historiques sur la cité de Pise de Paolo Tronci, les *Istorie Pisane* de Roncioni, quelques autres encore, les *Atti di Castruccio* des Archives de Lucques, le livre d'Aldo Manuzio [2], et enfin, dans les temps modernes, l'étude de M. Friedrich Winkler [3]. — Réunir ces divers éléments et en extraire la vie la plus pausible de Castruccio, tel est notre but et celui que s'efforcent de réaliser les lignes suivantes. — Nous avons cité à plusieurs reprises Machiavel, tout en le sachant inexact, mais à part, à cause de sa verve narrative, et comme un ouvrier fantaisiste, las des couleurs un peu ternes de sa tapisserie, rehausserait leur répétition en les soulignant d'un fil d'or.

La lutte des Blancs et des Noirs occupait alors toute l'Italie. On n'a jamais su au juste d'où venaient ces noms, et il faut les considérer, sans doute, comme des emblèmes distinctifs ; en tout cas, ils offrent peu d'importance en eux-mêmes et ne servent qu'à désigner autrement les deux factions guelfes et gibelines. Les Blancs comptaient parmi leurs partisans beaucoup de théoriciens comme Dante, Guido Cavalcanti, gendre de Farinata degli Uberti, Cino da Pistoia, l'historien Dino Compagni, et le notaire Petracco, père de Pétrarque ;

---

1. MURATORI, *Scriptores italici : Vita di Castruccio Castracani da Nicolao Tegrimo,* — *Castrucci Antelminelli Castracani Lucensis ducis vita* (dédiée à Lodovico Sforza), Modène, 1476 et 1496 ; Lucques, avec portrait, 1742 ; il y a aussi une édition à Paris en 1546.

2. *Le azioni di Castruccio.* Lucques, 1843, édition princeps : 1590. — Ce livre aurait paru sous le nom de Aldo Manuzio, mais ne serait pas de lui. Voir Friedrich Winkler et Tegrimi, éd. de 1747.

3. *Castruccio Castracani, herzog von Lucca, von Friedrich Winkler,* Berlin, 1897 (Collection des *Historiche-Studien*). — Voir aussi : WIELAND, *Dissertatio de Castruccio,* 1779, et : *Vita di Castruccio,* Livorno, MDCCLX.

mais les Noirs, quoique privés de noms aussi illustres, étaient les
plus actifs. On se tromperait d'ailleurs en pensant que le Dante
était apprécié comme il le méritait par ses partisans, en dehors de
ses qualités de diplomate; considéré surtout comme marchand, il
était prieur de l'art des apothicaires. — Cette lutte des Blancs
et des Noirs avait repris de plus belle à l'approche de Charles
de Valois appelé par le pape Boniface VIII et que Dante devait
injurier dans sa *Divine Comédie* avec ces beaux vers : « Il sort sans
armes, avec la seule lance dont Judas combattit, et, l'ayant mise
en arrêt, il ouvre le ventre à Florence [1]. » Or, avant l'arrivée des
Capétiens en Toscane, la faction des Blancs avait nommé à Pistoie
un nouveau magistrat, Cantino Cavalcanti, qui non seulement ne
partagea pas les pouvoirs publics d'une façon égale entre les deux
partis, mais encore, peu de temps après, destitua tous les Noirs ;
ceci fait, Cavalcanti ne se montrant pas disposé à plus d'injustice,
les Florentins le remplacèrent par André Ghérardini dont l'administration fut encore plus partiale et plus violente que celle de son
prédécesseur : après s'être muni d'armes et de chevaux, il s'assura
les Compagnies du peuple et accusa brusquement les Noirs de vouloir livrer Pistoie aux gens de Lucques; puis, les plus grandes
familles une fois citées à comparaître devant son tribunal, l'une
après l'autre, et celles-ci ne s'y rendant pas de suite, il s'empara de
leurs maisons et de leurs forteresses ; les Noirs se retirèrent alors
dans le val de Niévole à Pescia, petite ville brûlée par les Lucquois
en 1282 et restée de ce fait sous leur dépendance. A Lucques
même, il y avait, comme dans toute la Toscane, des Guelfes et des
Gibelins, et, parmi ceux-ci, des Guelfes ardents et des Guelfes modé-
rés : ces derniers furent fortifiés par la venue des exilés de Pistoïe
autant qu'aigris par la défiance que montra Florence à leur égard ; et,
bientôt, les Blancs furent chassés de Lucques. Parmi les nombreuses
familles tombées en disgrâce, on cite celle des Interminelli [2] ; dans
cette famille même, il y avait un jeune homme, né le 29 mars 1281,

1.   Senz'arme n'esce, e solo con la lancia
             Con la quel giostro Giuda, e quella porta
             Si ch'a Fiorenza fa scoppiar la pancia...

                                             Purg. XX.

2. Ou Antelminelli. C'est ainsi que l'a nommé Tegrimi.

du nom de Castruccio Castracani [1]. — L'exil de ce jeune homme devait durer dix ans. Il en profita pour courir le monde.

A vrai dire, on ne sait pas au juste ce qu'il devint et, si l'on en croyait M. Friedrich Winkler, toutes les conjectures se ramenant à cette époque de sa vie auraient à la fois le charme et l'improbabilité de la légende ; il semble cependant que M. Winkler exagère un peu, car, il est assez facile d'admettre, quoique rien ne le prouve, que Tegrimi, en sa qualité de biographe, ait eu un penchant à magnifier les faits et gestes de son héros, mais difficile de penser que les historiens aient agi de même, et que les récits de bataille où se trouve le nom du jeune homme aient été rédigés pour sa gloire.

Son père et sa mère s'étaient réfugiés à Ancône, si l'on en croit Sforza [2] ; ils y vivaient misérablement et y moururent. Rien ne retenait plus leur fils. Il lui restait un oncle, Nicolo Castracani ; il s'en aida le 29 janvier 1304 pour nommer un procureur chargé de ses intérêts. De 1304 à 1313, on sait qu'il n'était pas à Pise, d'après un document établissant qu'il s'y fit remplacer par Coluccio de Savarigi lorsque les exilés envoyèrent une délégation à Henri VII [3].

---

1. Voir encore Tegrimi et Giovanni Villani, 1. VIII, 45. — Voici le tableau des descendances :

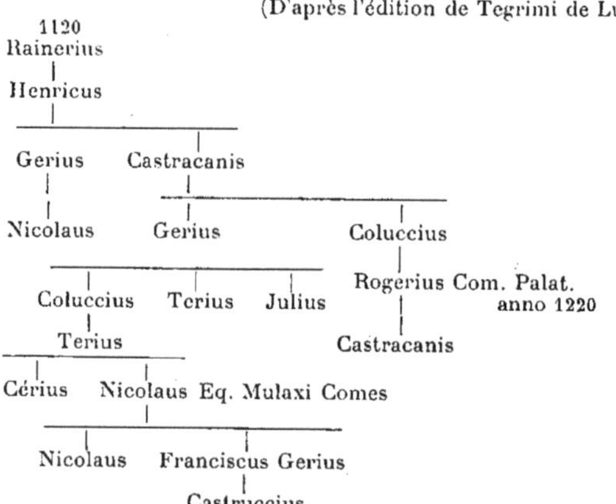

2. Sforza dit que Castruccio était à Ancône simplement parce que ses parents y étaient venus, et sans fournir d'autres raisons.

3. *Memorie dell'academia delle scienze di Torino*, sér. II, doc. XI.

Il aurait assisté en 1306 au siège de Pistoïe par Robert d'Anjou. Mais, selon Tegrimi, et selon Manuzio qui le reprit ensuite, Castruccio, après avoir parcouru les villes lombardes et s'être exercé au métier des armes sous les ordres des meilleurs capitaines du temps, ne serait pas resté en Italie ; aidé par des associés d'affaires et des parents riches, il traversa la France en passant par Lyon où il aurait servi de facteur à un exilé lucquois et serait allé à Londres à la cour d'Édouard Ier. Tegrimi raconte qu'il y fut remarqué par son habileté au jeu de paume et devint, à cause de celle-ci, favori du monarque ; mais ce jeu de paume qui lui avait procuré une telle place devait également la lui retirer : dans l'ardeur d'une partie, un des barons anglais l'ayant par mégarde frappé d'un coup de gant au visage, Castruccio le tua net. Il s'enfuit alors en Flandre pour éviter les suites de la colère royale, et là, s'enrôla sous la bannière d'Alberto Scotto, noble placentin, qui était avec Musciatto Francese au service de Philippe le Bel. Le roi de France, lui aussi, distingua Castruccio qui était un grand jeune homme de belle prestance, un peu maigre, avec des yeux du plus beau noir dans un teint blanc mat et sous des cheveux blonds hérissés [1]. Au service de ce grand prince, il accomplit de nombreux exploits héroïques. On lit dans les anciennes chroniques des Flandres [2] : « Illec furent les ungs contre les autres de pryme jusqu'à haulte nonne, toutes les batailles arrangiées, sans rien faire. Et là furent les Lombards qui venoient de Thérouanne, dont Castruce étoit chiévetaine, qui depuis fut grand maître en Lombardie : iceulz Lombards portoient glayves de XXXII pieds de long ». — Ceci se serait passé en 1303, après le désastre de Courtrai ; Castruccio était le chef des compagnies mercenaires appelées les « grandes lances » ; le 18 août 1304 (et non en septembre, comme le met M. Winkler), il aurait été encore à la victoire de Mons-en-Pevelle. Malgré les éléments d'avenir et de fortune que lui constituaient de pareils services, Castruccio serait revenu dans la péninsule vers l'année 1313. Avant de rentrer dans sa patrie, et surtout pour pouvoir y revenir autrement qu'en exilé, il aurait offert ses services aux podestats de Vérone, les della Scala, enrôlés eux-mêmes, sous l'aigle impériale ; il aurait livré plu-

1. TEGRIMI.
2. *Anciennes chroniques de Flandres*, dans le recueil des historiens des Gaules, XXII, page 391.

sieurs combats, dont celui de Padoue, et aurait commencé sa fortune italienne en s'appropriant les biens des citoyens exilés ; il aurait pris part également au siège de Brescia. Auparavant, toujours comme mercenaire, il se serait mis au service de Venise où le doge Piero Gradenigo l'aurait protégé. Dans une lettre à Inghiramo [1], Marino Sanuto dit, après s'être plaint de tout ce qui empêche la paix entre le pape et le roi d'Italie : « car deux fourmis ont surgi de la poussière, Castruccio et Galéazzo, qui ont agité la Lombardie et la Toscane ; de quelle manière ils ont surgi de rien, vous le savez mieux que je ne pourrais vous le dire. Castruccio notamment était un simple mercenaire à Vérone il y a six ans, avec deux chevaux, dont l'un lui avait été donné et dont il avait acheté l'autre. Là-dessus, le doge et Venise qui avaient besoin de mercenaires à cheval, le nommèrent capitaine de cavalerie en lui donnant une solde de six mois d'avance et en lui prêtant aussi 300 florins d'or, moyennant quoi, il se chargea de la garnison de police de justice avec 26 cavaliers ». Il aurait accepté aussi la place de commandant de Capo d'Istria. Ces probabilités sont les plus plausibles, et, malgré leur confusion, demeurent sans doute les plus vraies. Machiavel raconte bien autrement la jeunesse de Castruccio. D'après lui, il ne descendrait pas des Interminelli et serait un enfant naturel trouvé un jour dans quelque vigne par la sœur d'un chanoine de l'église San-Michele, messer Antonio Castracani. Cette naissance obscure donne ainsi au célèbre historien l'occasion de s'abandonner à des réflexions philosophiques sur les choses d'ici-bas ; et il est assez amusant de voir que la vérité de cette philosophie base ses preuves sur des constatations imaginaires : « Il apparaît à ceux qui pensent, dit Machiavel, cette chose merveilleuse que tous ceux, ou du moins la plus grande partie de ceux qui ont fait de très grandes choses en ce monde et se sont distingués d'entre les autres par leur état, ont eu une naissance à l'origine obscure et basse, ou, du moins, ont été tourmentés de toute manière par la Fortune [2]. » La découverte de l'enfant est rapportée de la sorte : « Derrière la maison qu'habitait messer Antonio, il y avait une vigne entourée d'un grand nombre de jardins et où il était facile d'entrer par un grand nombre de côtés.

1. *Marini Sanuti Torselli epistolæ*, p. 219. Venise, 1325. — *Gesta Dei per Francos*, Hannov, 1611.
2. Vie de Castruccio Castracani.

Il arriva un jour que Madonna Dianora (c'était la sœur de messer Antonio) se rendit à la vigne un peu avant le lever du soleil pour se promener et y cueillir, selon la coutume des femmes, quelques herbes nécessaires au ménage. Elle entendit quelque chose s'agiter sous une vigne, à travers le feuillage ; et ayant regardé de ce côté, elle crut entendre comme pleurer ; elle alla aussitôt vers le bruit et aperçut les mains et le visage d'un jeune enfant qui, caché sous le feuillage, semblait implorer du secours [1]. » L'enfant adopté, messer Antonio veut lui apprendre le latin pour en faire un prêtre ; mais aux graves leçons de son professeur, l'élève préfère les gamins de son âge avec lesquels il peut manier les armes, s'exercer à la lutte et au saut ; si Machiavel ne parle pas de petite guerre, c'est que cette expression ne se trouve pas encore en vogue ; il est en effet à remarquer que les biographes des illustres capitaines veulent toujours que dans leur enfance les futurs grands hommes aient montré des qualités de tacticiens. Machiavel fait bientôt adopter son héros par un gentilhomme de la famille des Guinigi, messer Francesco « qui surpassait tous les autres par ses richesses, son courage et son amabilité. L'art de la guerre faisait son unique occupation ; et il avait longtemps servi sous les Visconti de Milan. Comme il était gibelin, tous les Lucquois qui suivaient le parti avaient pour lui la plus grande estime. Ce seigneur, quand il se trouvait à Lucques, se réunissait soir et matin avec les autres citoyens au-dessous de la loge du podestat qui donne sur la place principale de la ville, nommée San-Michele ; il aperçut plusieurs fois le jeune Castruccio se livrer avec les autres enfants des environs aux exercices dont j'ai parlé ; outre qu'il le voyait toujours vainqueur, il crut remarquer qu'il possédait sur ses compagnons une autorité presque royale et qu'ils paraissaient tous l'aimer et le respecter. Il en conçut alors le plus violent désir de connaître qui il était ; et les renseignements obtenus de son entourage ne firent que redoubler son désir de le posséder auprès de lui. Un jour donc, l'ayant appelé, il lui demanda s'il aimait mieux vivre dans la maison d'un gentilhomme qui lui apprendrait à monter à cheval et à manier les armes, que dans celle d'un prêtre où l'on n'entendait jamais que des offices et des messes. Messer Francesco s'aperçut de la joie du

1. Vie de Castruccio Castracani.

jeune homme au seul mot d'armes et de chevaux ; toutefois, sa timidité empêcha un moment Castruccio de parler ; mais encouragé par Messer Francesco, il répondit enfin : « Si cela peut faire plaisir à Messer Antonio, je ne demande pas mieux que de laisser là toutes les études de prêtre pour suivre celles de soldat [1]. » Machiavel continue en distribuant des éloges au futur condottiere : « Quoique à peine sorti de l'adolescence, il se faisait distinguer entre tous ses rivaux dans les joutes et dans les tournois ; et pour la force et pour l'adresse, il ne pouvait rencontrer un champion qui le surpassât ». Sur son exil, Machiavel brode encore, mais sans atteindre au prestige des voyages en France et en Angleterre : « Castruccio avait déjà l'âge de dix-huit ans, lorsque les Gibelins furent chassés de Pavie. Les Visconti de Milan envoyaient à leur secours Messer Francesco Guinigi : Castruccio le suivit et fut chargé de tous les détails de la Compagnie. Durant cette campagne, il donna des preuves si multipliées de son courage et de sa sagesse que personne, entre tous ceux qui combattirent comme lui, ne s'acquit autant de bienveillance et d'estime ; aussi son nom fut-il honoré non seulement dans Pavie, mais dans toute la Lombardie [2]. »

*
* *

Pendant son exil les guerres avaient continué. « Quand on arrête pour la première fois ses regards sur cette histoire, dit Sismondi [3], on est frappé d'une sorte de vertige tel que celui qu'on éprouve en contemplant d'une très grande hauteur une foule qui s'agite dans la plaine : tous les individus sont entraînés par un mouvement rapide et continuel ; des passions inconnues les animent ; ils se pressent, ils se croisent, ils se devancent, ils se combattent ; l'œil ne peut point les suivre ou les distinguer l'un d'avec l'autre. » Mais le tableau se précise au fur et à mesure qu'on descend vers la plaine. Chacune de ces villes belliqueuses qui tout le long du XIIIe siècle ont été gouvernées par une sorte de régime communal va remettre d'autorité, au commencement du XIVe siècle, entre les mains d'un

1. Vie de Castruccio Castracani.
2. *Id.*
3. *Histoire des républiques italiennes*, t. III, p. 138.

seigneur ou tyran, car les deux mots en Italie, comme autrefois en Grèce, sont synonymes. Certains écrivains déclarent en cette occasion qu'un tel ordre de choses « entretient le foyer de la guerre » et fulminent, une fois encore, contre le pouvoir absolu ; on est cependant forcé de reconnaître que les guerres ne sont pas plus fréquentes qu'auparavant et qu'une seule différence les sépare : celles de maintenant, au lieu de survenir par la poussée à moitié inconsciente d'une foule et d'être aussi fluctueuses que cette foule même, sont l'expression vivante et réalisée d'un plan conçu d'avance, ambitieux peut-être, mais logique et raisonné selon des intérêts discutés eux-mêmes. Ce tyran est d'ailleurs un chef politique, mais populaire, nommé par la ville ; il faut donc que les peuples d'alors aient trouvé leurs républiques défectueuses pour, d'eux-mêmes encore, s'en débarrasser, préférant le despotisme d'un seul à celui d'une multitude. On appellerait aujourd'hui cette façon de nommer le maître un plébiscite.

L'empereur Henri VII et le pape Clément V venaient de mourir ; mais cela ne changeait presque rien à la situation ; les Guelfes et les Gibelins n'avaient guère d'avantage les uns sur les autres ; quant à pactiser, ils n'y pensaient point ; les Gibelins dominaient dans le Nord de la Péninsule, les Guelfes dans le Midi ; au milieu, la Toscane offrait comme un vaste champ clos propice aux batailles décisives. Nulle part, en effet, le combat n'était aussi acharné ; Arezzo et Pise tenaient pour les Gibelins, Florence et Sienne, la « lupa putaneggia [1] », pour les Guelfes ; Lucques, beaucoup moins puissante, l'était assez cependant pour mettre un poids sérieux dans celui des plateaux de la balance ou elle le jetterait ; Pise avait dépensé deux millions de florins pour l'empereur et se trouvait dans une situation dangereuse, à la merci de ses adversaires ; car, depuis la mort d'Henri VII, les Allemands tenaient surtout à rentrer dans leur pays et leur désir les entraînait souvent à vendre au plus généreux les forteresses où ils tenaient garnison ; d'autre part, Frédéric de Sicile et Henri de Flandre refusaient le pouvoir au sujet duquel ils étaient sollicités ; ainsi abandonnée, Pise risquait de périr ; elle prit une résolution énergique et se chercha un chef ; à pareille époque, la recherche était assez facile, vu le nombre d'aventuriers

1. Roncioni, *Istorie pisane*, XII.

qui couraient les routes italiennes ; et le choix se porta sur Ugucione della Faggiuola, déjà célèbre, gibelin de naissance et vicaire impérial. Il était « de grand cœur et vaillant au métier des armes » ; sa haute stature et sa force physique en imposaient à tous ; une légende le drapait de récits extraordinaires ; il était détesté par l'Église. Les Pisans le mirent à la tête d'un millier de gendarmes allemands et flamands qu'ils avaient retenu à leur solde ; et aussitôt les défections commencèrent dans le parti guelfe. Il demeura toutefois dans l'enceinte des murailles pisanes, n'en sortant que pour tenter de fructueuses sorties qu'il prolongeait quelquefois jusqu'aux portes de Lucques et de San-Miniato ; ses sorties étaient toujours imprévues et rapidement menées, il surprenait ses ennemis en complet désordre ; il fallait, une fois l'ordre sonné, que tout son monde fût prêt dans le temps que brûlait une petite chandelle [1]. Ces incursions sur son territoire jetaient le trouble dans Lucques, déjà déchirée par des querelles intestines ; les Bernarducci, soutenus par le parti populaire, y combattaient les Obizzi, chefs des nobles, et voulaient la paix avec Pise, alors que les seconds, considérant cette paix comme leur défaite, la refusaient énergiquement ; la ville était de plus mal défendue par son vicaire royal, un nommé Gherardo de San Lepido de la Marche. Tout cela fit qu'après avoir tenu bon aussi longtemps que possible, elle dut faire sa soumission en février 1314. Elle rendit les châteaux conquis précédemment et accepta les conditions du vainqueur ; une des clauses du traité portait le retour des exilés : du même coup, elle ouvrait ses portes à Castruccio Castracani [2].

Il avait alors trente-trois ans. Lucques avait entendu parler de lui. La famille des Interminelli était ancienne, et les habitants se montraient flattés que ce jeune homme eût été glorieux ; ses qualités de capitaine ajoutaient à son prestige par leur utilité ; il avait fait ses preuves un peu partout ; on le savait lié avec Uguccione ; et lui, de son côté, s'était conduit avec le capitaine de Pise en sorte que leurs liens d'amitié se resserrassent encore, résultat d'autant plus facile que les deux hommes avaient besoin l'un de l'autre. Une fois dans la place, Castruccio ne perdit pas de temps. De suite, il

1. RANIERI SARDO, c. 57,53 ap. *Arch. Stor.*, t. VI.
2. MARCHIONE DE COPPO, V. — AMMIRATO, V.

prit soin de se montrer, et, ce qui est plus difficile, de retenir l'attention ; il se mêla aux intrigues, plaida la cause de son parti, exalta ses sentiments patriotiques ; il se mit au mieux avec les gens du commun comme avec ceux de l'aristocratie, malgré que ce fût compliqué, ménageant les uns et les autres, décidé à se servir des deux, si possible, dans son intérêt. Et il s'arrangea si bien qu'il était élu vicaire de l'évêché de Luini le 4 avril 1314. Puis, ce premier poste n'étant à ses yeux bien entendu qu'un pas en avant, il continua ses intrigues et ses flatteries jusqu'à ce qu'il devînt chef militaire de Sarzane, en qualité de vicaire général, le 5 décembre de la même année [1].

Il considérait surtout sa patrie comme le moyen de sa grandeur et le piédestal de son pouvoir. Aussi, son alliance avec Uguccione une fois solidement établie en secret pour le temps nécessaire, il réclama la restitution de leurs biens aux gibelins revenus avec lui ; cela mettait la lutte au cœur même de Lucques : les nouveaux possesseurs des fortunes gibelines répondirent en effet qu'il fallait attendre et, serrés de près, refusèrent de souscrire à la réclamation ; d'autre part, le trésor de Lucques, très fortement endommagé par les dernières guerres, était incapable de réparer l'injustice. Castruccio, qui s'y attendait bien et avait spéculé là-dessus, réunit vingt-deux familles à sa cause et, après leur avoir démontré que l'alliance avec Uguccione pouvait seule donner la victoire, se fit accepter comme chef ; il avait pris soin également qu'on lui promît le titre de capitaine général de Lucques si l'entreprise réussissait [2], — et aussitôt il se met à l'œuvre.

Le 14 juin, il se fortifie près de la porte de San Freddiano qu'il a indiquée à l'avance à Uguccione comme devant lui être ouverte dès qu'il se présenterait pour l'aider. La lutte commence bientôt à travers la ville, mais sans que Castruccio la pousse activement ; il se borne à conserver ses positions et à rester sur la défensive là où on ne l'attaque pas ; peu à peu l'affaire devient sérieuse ; il se retranche alors dans les maisons des Honesti et des Fraticelli, pour y attendre l'arrivée d'Uguccione. Celui-ci, au début, ne peut entrer par la porte San Freddiano, où un combat acharné mêle tellement

---

1. *Atti di Castruccio*, I, 9. — Arch. de Lucques, *Inventario*, t. I.
2. *Idem.*

les partisans de Castruccio à leurs ennemis que la porte est tour à tour au pouvoir des uns et des autres ; la mêlée même est si violente que les remparts se dégarnissent de soldats ; et bientôt, Uguccione pénètre dans la ville à la fois par escalade et par une brèche pratiquée dans les murs. Aussitôt tout est livré au pillage ; pendant huit jours les maisons sont dévastées ; des incendies s'allument ici et là, au hasard de la sauvagerie militaire ; et c'est miracle que la ville entière ne prenne pas feu ; les lieux saints ne sont pas respectés plus que les palais ; le trésor pontifical déposé dans l'église de San Freddiano comme en un lieu très sûr par le légat du pape en voyage, le cardinal Gentile de Montefiore, et composé d'un millier de florins, tombe aux mains des vainqueurs ; le butin est immense. Il y avait en effet à Lucques un grand nombre de banques, et on sait que Dante accuse les Lucquois d'être des usuriers et des prévaricateurs. Trois cents familles émigrent d'elles-mêmes et vont rejoindre à Fucecchio Gherardo de San Lépido ; par la même occasion, elles enseignent ailleurs l'art de tisser la soie, monopole jusqu'ici de Florence et de Lucques. Castruccio, d'un seul coup, est débarrassé de ses ennemis les plus directs, de ceux en tout cas qui le gênent davantage. Sa puissance grandit de la sorte considérablement, côte à côte avec celle d'Uguccione ; celui-ci, cependant, continue à considérer Castruccio comme son lieutenant et établit gouverneur son fils Francesco. Dissimulant ses projets parce qu'il n'est pas temps encore, Castruccio en paraît enchanté et se contente momentanément de son rôle secondaire ; avec une apparence d'enthousiasme, il consent à la ligue qui se conclut entre Pise et Lucques sous la direction suprême d'Uguccione.

Maintenant qu'il a deux points de repaire, ce dernier convoite Florence. Florence de son côté, devinant ce qui se trame contre elle, fait bon accueil aux guelfes lucquois retirés dans le val de Niévole et qui ont imploré son secours ; elle cesse la guerre entreprise contre les Arétins en accordant à ceux-ci une paix avantageuse et fait demander au roi Robert les troupes depuis si longtemps promises ; elle aide les exilés à réparer leurs châteaux ; toutes les communes mettent sur pied le plus grand nombre de fantassins possible ; la campagne, bien défendue, est propice à la marche en avant avec Fucecchio, et dans le val d'Arno, Santa Maria al Monte, Monte-Carlo, Monte-Calvoli, Montepoli, Santa Croce et Castel Franço.

Bientôt Robert envoie le renfort demandé, et, le 18 août 1314, Pierre, comte de Gravina, le plus jeune frère du roi, fait son entrée dans la ville du lys rouge à la tête de 300 gendarmes. Ce prince, d'après Villani [1], était « jeune et gracieux, sage et beau ». Sa bienveillance, sa discrétion et sa tournure distinguée lui valurent la sympathie de tous : Ammirato [2] déclare que « s'il avait vécu, il aurait été créé seigneur à vie » ; il n'avait pas l'âpreté dans la conquête commune aux grands et aux petits ; il s'intéressait aux intérêts qu'il était chargé de défendre, et, dans tout, il montrait une ardeur telle que le surnom de Tempête était son appellation la plus connue [3]; il était vicaire du roi en Toscane, en Romagne, en Lombardie et à Rome ; l'Italie le considérait comme le premier capitaine du parti guelfe. Dès son arrivée à Florence il mit de l'ordre dans les affaires publiques, disciplina les troupes, veilla lui-même à leur organisation et usa modérément des pouvoirs confiés à sa puissance.

Uguccione devenait de jour en jour plus redoutable. Sa marche en avant détruisait tout sur son passage, sauf celles des forteresses à même de lui servir et d'assurer sa retraite au cas où celle-ci deviendrait nécessaire ; il s'avançait d'un côté vers San Miniato, de l'autre vers Volterre, désireux de conquérir Pistoïe, poste avancé et bien en place pour y baser une offensive contre Florence. Comme une raison quelconque demeurait nécessaire ou du moins préférable à la justification de son entreprise, il disait avoir droit à cette conquête parce que les Lucquois, en 1306, avaient dû partager cette ville avec les Florentins ; il expliquait, que si le partage n'avait pas été effectué, cela tenait à des circonstances indépendantes du traité lui-même et ne le détruisant pas. Fort de ces beaux motifs, il s'emparait encore de Carmignano, de Montecalvi et de Cigoli : puis, brusquement, il venait s'établir devant Montecatini. Matteo Visconti et les comtes de Santa-Fiore lui avaient envoyé des renforts ; il avait avec lui les exilés florentins qui comptaient rentrer à sa suite dans leur patrie et presque tous les gibelins toscans ; il commandait à environ 22.700 hommes de toutes les armes [4]. Il les divisa en quatre corps dont il répartit le commandement entre lui, ses

<hr>

1. IX, 60.
2. V.
3. ANSELME, liv. I. — RONCIONI, XIII.
4. MARANGONI, *Chron. di Pisa*, p. 632.

fils Francesco et Néri, et Castruccio. De tous côtés, outre les gendarmes du roi de Naples, les Florentins avaient reçu des troupes
de Bologne, de Sienne, de Pérouse, de Citta di Castello, d'Aggobbio,
de Pistoïe, de Volterre, de Prato et des villes de Romagne ; leur
armée, d'après Marangoni [1], comprenait 54.000 hommes, dont
3.200 cavaliers ; ils occupèrent le château de Montecatini. Cet
admirable point stratégique se dressait vers les derniers contreforts
de l'Apennin, sur la plus haute colline du val de Niévole, entouré
de bois de hêtres, de chênes et d'oliviers [2]. Sismondi [3] écrit que le
château de Montecatini n'arrêterait pas une bonne infanterie ; mais
il semble que Sismondi ne se soit pas reporté au temps d'alors ;
je me refuse à penser de même ; les historiens de l'époque le
déclarent inexpugnable. Il était entouré de plus par une sorte de
camp retranché couvert par deux cours d'eau impossibles à tarir,
la Niévole et la Pescia ; le château de Serravale [4] aidait en outre à
défendre un défilé montant en pente vers la ligne du partage des
eaux [5]. Uguccione fortifia les passages de la plaine de Fucecchio,
comptant que l'ennemi, en revenant à la charge, arriverait de ce
côté ; mais il déboucha par Monsummano, juste devant le camp
gibelin dont il n'était séparé que par la Niévole. Alors les deux
armées restèrent l'une devant l'autre sans se décider à l'action ; et
Uguccione continua le siège de Montecatini. Les Florentins se
montrèrent d'abord très effrayés : « Les hommes, dit Ammirato [6],
ne savent jamais tenir le milieu entre mépriser ou craindre trop les
périls » ; puis ils se ressaisirent. Sur une nouvelle demande, le
second frère du roi de Naples, Philippe, prince de Tarente, les avait
rejoints et, bientôt, le roi lui-même était venu le 11 juillet. Il est
vrai que de son côté, Uguccione, par de nouveaux renforts envoyés
de Lombardie, avait porté son effectif à 33.000 hommes, dont
30.000 fantassins ou *pedoni*, et le reste en cavaliers.

L'armée guelfe commença ses opérations le 6 août. Philippe de
Tarente commandait le camp de Monsummano bien qu'il eût été

1. P. 632. *Chron. di Pisa.*
2. Le village moderne de Montecattini est au pied de cette colline ; on voit encore
au sommet les ruines de la vieille place forte qui soutint tant d'assauts.
3. T. III, p. 249. *Histoire des républiques italiennes.*
4. Voir plus loin la description de Machiavel.
5. Mussato, V.
6. V.

atteint d'une fièvre quarte à son arrivée à Florence, le 11 juillet, et qu'il n'en fût pas encore remis. Les soldats se montraient confiants et parlaient d'infliger à l'ennemi une défaite éclatante ; tout semblait tourner mal pour Uguccione, pris entre deux feux, les autres guelfes du val de Niévole s'étant emparés de Borgo, de Buggiano et des autres plateaux de l'endroit, empêchant ainsi les vivres de parvenir aux gibelins ; la situation devint même tellement insoutenable pour ceux-ci qu'ils durent lever le siège de Montecatini. Uguccione alors commanda la situation bien qu'elle lui fût désavantageuse ; au lieu de reculer simplement, il fit occuper le 25 août par une partie de ses Pisans les lisières de la forêt de Trinciavelle, du côté de Buggiano. Le lendemain, aussitôt, reconnaissant l'importance de cette position, Philippe y dirigea ses troupes ; les Florentins étaient de plus en plus sûrs de vaincre ; les Pisans, au contraire, ne s'y attendaient pas et comptaient seulement sur l'énergie de leur défensive pour s'assurer le salut. Ils étaient toujours séparés par la Niévole ; l'eau coulait entre les deux armées en marche, dans un lit aux rives assez escarpées ; les hommes étaient à une portée de trait les uns des autres, mais ne tiraient pas ; le ruisseau murmurait doucement entre les deux masses humaines au bruit sourd et morne ; indifférente à tout, la nature verdoyait à l'infini ; du haut des montagnes, ces longues taches humaines semblaient s'avancer ensemble vers le même but et pour la même cause ; par l'éclat des armures mêlées aux taches sombres ou claires des vêtements, des chevaux et des bagages, elles évoquaient assez l'image de deux serpents glissant avec paresse le long de la rivière et mêlant le reflet de leurs écailles aux paillettes lumineuses de l'onde argentée sous le soleil ; en redescendant vers la plaine, on aurait remarqué cependant que du côté de la Niévole où flottait la bannière du lys on s'avançait à la débandade. — Philippe, tout en suivant son ennemi, lui avait fait barrer la route à Vivinaja, et avait ravitaillé Montecatini ; en même temps, le long de ses étapes, il augmentait les garnisons de chaque château ; mais cela l'affaiblissait ; devant la continuelle retraite des Pisans, les Florentins, de plus en plus sûrs de la victoire, observaient de moins en moins les règles de la discipline ; ne pensant pas en venir aux mains et, fatigués du poids de leurs armes, ils les avaient reléguées sur le dos des mulets ou dans les chariots de l'arrière-train, à la manière de colis

encombrants et inutiles. Uguccione et Castruccio ne perdaient rien
de tout cela ; lorsqu'ils jugèrent le moment propice, ils cessèrent
brusquement de refuser la bataille et rappelèrent en toute hâte ce qui
restait encore de monde devant Montecatini. Une fois au complet,
ils disposèrent leur armée de la sorte : en première ligne, tous les
Italiens qui n'étaient pas de la Toscane commandés par Francesco
della Faggiola et Gianetto Malespini, porteur du fanon impérial,
qu'il embrassait avec transport en s'écriant, comme s'il eût deviné
son destin : « Ben venga la morte mia ! » En seconde ligne, les
Allemands et les mercenaires étrangers, avec à leur tête un Français,
cousin d'Henri VII ; la troisième ligne, la meilleure, comprenant
les Toscans, les Pisans et les Lucquois plus intéressés au succès que
personne, était sous les ordres directs d'Uguccione et de Castruccio.
Ils feignirent de reculer pour amener les guelfes à franchir la
Borra, tout petit cours d'eau séparant Montecatini de Buggiano ;
et cela réussit. La première ligne ennemie, composée de 800 cavaliers siennois ou bolonais, passa le gué, mais la seconde, embarrassée
de ses bagages, bien que commandée par le fameux Tempête,
s'attarda ; elle se composait de Florentins et de Napolitains et comprenait 1.200 hommes ; à deux mille pas, toujours malade, le prince
de Tarente attendait. Il était environ midi. Uguccione donna l'ordre
à son fils Francesco d'envahir l'esplanade [1] ennemie et d'attaquer la
première ligne au plus vite, tandis qu'elle était encore séparée des
deux autres, mais la première ligne ennemie résista et Francesco
dut appeler les Lombards à la rescousse ; en même temps, il se
prodiguait tant qu'il était tué, et à côté de lui le porteur du pennon,
Gianetto Malespini, qu'on retrouva ensuite mort sur son cheval. Le
combat s'annonçait mal pour les gibelins, surtout que les guelfes,
forts de leur premier avantage, faisaient avancer leurs compagnies de
lances à pied, les *gialdionieri*. Uguccione fit alors donner les arbalétriers pisans, renommés dans toute la péninsule pour la pré-
cision et la régularité de leur tir, et qui lançaient leurs carreaux
alternativement de telle sorte que pas une seconde l'ennemi ne se
trouvait dépourvu de projectiles ; les *gialdionieri* furent arrêtés

---

1. « L'esplanade » (spianato) était l'esplanade qui se trouvait devant chaque troupe
pour que la cavalerie pût manœuvrer ; chaque armée déblayait le terrain devant elle
et avait ainsi son esplanade ; envahir l'esplanade ennemie voulait dire qu'on dépassait la sienne et prenait l'offensive.

dans leur élan et hésitèrent ; Uguccione mit à profit cette hésita-
tion ; contre les *galdionieri* bientôt gênés par les Siennois et les
Bolonais qui allaient reculer en désordre, il dirigea ses cavaliers
allemands. C'étaient de vieux routiers de la guerre et de l'aven-
ture, préparés par de nombreuses batailles et portant au cœur
comme un mot d'ordre décrété par eux-mêmes la haine féroce de
Florence, seule ville du monde entier qui leur eût tenu tête. Tout
bardés de cuirasses noires, ils arrivèrent la lance haute, au trot
pesant de leurs chevaux caparaçonnés : ils formaient une troupe
compacte, épaisse et funèbre sur laquelle ondulaient les plis d'une
étrange bannière ; ils invoquaient le Christ et poussaient ensuite un
cri de mort au son rauque et sauvage. En peu de temps l'ennemi
fut repoussé. Il essaya de se refaire plus loin, mais, gêné par la
seconde ligne qui s'avançait pour lui porter secours, empêcha cette
seconde ligne d'avancer, y répandit le désordre et fit qu'elle
manœuvra tout à fait au hasard, malgré les ordres de son chef ;
certains soldats s'étaient rendus de plus à l'appel sans armes, n'ayant
pas le temps d'aller les reprendre sur les bêtes de somme demeu-
rées à l'arrière-train et pensant d'ailleurs certain le succès de la
première ligne ; et celle-ci se trouvait trop éloignée pour apporter un secours efficace. Le passage du gué était de plus devenu
tout à fait impossible. La balance penchait cette fois du côté
d'Uguccione ; il ne restait plus qu'à profiter de la fortune et il en
profita en portant toutes ses troupes en avant. Il éprouvait une
fureur froide et lucide ; il avait recommandé de ne pas faire de
quartier pour venger comme il convenait la mort de son fils : et, la
confusion augmentant vite dans l'armée guelfe, les gibelins y tail-
lèrent à leur aise, sans éprouver une véritable résistance. Uguccione
atteignit même bientôt, sur l'autre rive de la Borra, les hommes de
Philippe de Tarente ; mais, tandis qu'il s'attendait à la lutte suprème,
Philippe donna l'exemple de la fuite ; ses troupes affolées jetèrent
leurs armes et, dans leur précipitation, s'élancèrent vers les eaux
de la Gusciana, ceux qui arrivaient par derrière empêchant ceux qui
étaient devant de reculer ; une autre partie de ces malheureux
pataugea dans les marais d'où la cavalerie eut toutes les peines du
monde à se retirer ; ceux qui purent gagner Montevettorino y furent
tués par les habitants et le lendemain la plaine était toute parse-
mée de cadavres épars, complètement nus. La bataille était gagnée.

Castruccio avait beaucoup contribué à cette victoire, disent les historiens, sans donner d'autres détails. Le prince Charles, le jeune fils du duc de Tarente, avait été tué ; le capitaine Tempête s'était noyé dans les marais de la Gusciana, du moins cette fin lui fut attribuée, son cadavre n'ayant pas été retrouvé. S'il faut ajouter foi aux auteurs du temps, les guelfes auraient perdu 15 à 20.000 *pedoni* et 3.000 cavaliers, mais ces chiffres sont sans doute exagérés, selon l'habitude d'alors. Après cette déroute Montecatini et Monsummano se rendirent à Uguccione. A Buggiano, sur le conseil et la demande de Castruccio, il fit tomber sur un tas de fumier la tête d'Ubaldo des Obizzi ; il confia le commandement de Lucques à son second fils Néri ; puis il revint ensuite à Pise et y fut reçu en triomphe. Les conséquences de cette action étaient, comme on peut le remarquer, importantes. Alberto Mussato tient cette bataille de Montecattini pour la plus remarquable qu'on eût livrée depuis longtemps. « Dans la jubilation de leur cœur, écrit Cartusio, historien milanais, tous les fidèles de l'empire entonnent un hymne à Dieu qui les a tirés du lac de misère et de boue [1]. »

Castruccio, plus encore qu'Uguccione, était satisfait de la victoire. Sa renommée augmentait. Modeste à côté de celui du maître pisan, son triomphe à Lucques avait été spontané : le nom d'Uguccione occupait depuis longtemps déjà ; celui de Castruccio brillait au contraire d'un éclat neuf, et c'est la nouveauté qui entraîne le rêve des peuples ; plus tard, son héros une fois mort, le peuple y revient, mais, de leur vivant même, entre deux individus dont l'un est jeune et l'autre vieux, même si le second est meilleur, il lui choisira son rival, et justement parce qu'il est encore inconnu ; les peuples sont comme les femmes, qui préfèrent généralement l'amant nouveau ou prochain à tous les autres. Castruccio s'était effacé d'abord ou, du moins, avait affecté de persister dans l'ombre afin de ne pas éveiller les soupçons de son allié ; mais en même temps, par plusieurs moyens, il continuait à capter la confiance et la sympathie générales. Cela lui était facile. Le récit de sa bravoure sur le champ de bataille faisait merveille : les Lucquois étaient fiers de lui, et, selon un terme peut-être vulgaire mais expressif, le considéraient comme leur homme. Tout

____

1. *Cortusiorum hist.*, liv. III, ch. II.

en s'effaçant, il ne négligeait pas d'affirmer son pouvoir et
d'en profiter; c'est ainsi qu'il envoya au supplice, et sans procès [1],
trente ou vingt-deux de ses ennemis particuliers [2]; les historiens
ne sont pas d'accord sur le chiffre. Tegrimi, qui aurait une tendance
à le nier, dit que son héros en était accusé, sans le reconnaître lui-
même véritablement; à coup sûr Castruccio en était fort capable.
— Se douta-t-il que cela le brouillerait de suite avec Uguccione?

Il devait s'attendre à une scission d'un moment à l'autre et il lui
était égal sans doute d'avoir à jeter le masque maintenant ou plus
tard : il se sentait préparé, avait déjà flairé les courants populaires
et les reconnaissait opportuns. Il avait reçu des offres secrètes de
certains Pisans, lassés d'une domination étrangère. On prenait peu
à peu l'habitude de le considérer comme le premier citoyen de
Lucques, et Néri della Faggiuola passait au second plan malgré
qu'il fût le maître officiel. Uguccione, de son côté, n'était pas sans
savoir ce qui se passait et, trop ambitieux lui-même et trop
rusé pour ne pas craindre l'ambition chez autrui et l'y découvrir,
il avait peu de confiance en Castruccio; il lui en voulait aussi de
sa gloire qui, sans atténuer la sienne, y mêlait un élément étranger et il s'était promis à l'occasion de supprimer un auxiliaire
aussi dangereux. Il saisit la première qui se présenta, adressa une
réprimande à son allié et lui réclama la restitution de ses terres.
Alors Castruccio, décidé cette fois à jouer la partie suprême, jeta le
masque et refusa net sans invoquer de motif [3]. Immédiatement,
Uguccione donne l'ordre de le mettre en prison [4], puis vient lui-
même pour le faire décapiter et assister à son supplice. — Dans ce
temps-là, fort souvent, les rapports étaient plutôt tendus entre capitaines d'un même parti.

Les choses n'allèrent pas comme l'avait espéré le tyran de Pise
et Castruccio, en se laissant conduire dans cette prison où il restera
enfermé du 1er au 11 avril 1316, avait bien compté qu'elles tour-
naient à son profit. — Pendant qu'Uguccione chevauche sur la route
de Lucques, les Pisans se révoltent, oublieux de la victoire qu'ils
lui doivent devant les violences dont il leur faut subir la vexation.

1. Roncioni, XIII. — Tronci.
2. *Chron. Pis.* R. I. S. XV. — *Ist. pis.*, R. I. S. IX.
3. *Diario de* ser Giovanni de Lemmo.
4. Archives de Lucques : *Atti di Castruccio*, I, 4. — *Inventario*, I, 84.

On était au samedi saint, 10 avril, à l'heure où les cloches, silencieuses jusque là, en voyage, dit la légende pascale, sonnaient à toutes volées la résurrection du Christ. Le comte Gaddo della Gherardesca, aidé d'un jeune homme riche et beau, favori du peuple, Coscetto dal Colle, lâche un taureau par les rues en poussant les cris de frayeur nécessaires ; les habitants sortent en foule ; une fois que le monde s'est amassé, les deux amis tirent leurs épées en substituant aux cris dont ils s'étaient servis pour attirer ceux de : « Vive le peuple, Mort au tyran ! Mort à Uguccione ! » Le peuple, qui ne se serait sans doute pas décidé à sortir de chez lui si de telles provocations n'avaient retenti tout d'abord, une fois en nombre et entraîné, se porte au palais de la Seigneurie et s'en empare. Mariano da Capova, chef de la force publique, essaie en vain de rétablir l'ordre et cède à la fin, tous lui faisant observer avec raison qu'il est, lui aussi, de nationalité pisane et que sa patrie sera détruite certainement par Uguccione s'il protège son retour en s'opposant à la liberté nouvelle. — Uguccione apprit la catastrophe à quelques milles de Lucques, tandis qu'il déjeunait en mangeant une lamproie [1] ; il finit celle-ci avant de se remettre en route ; et c'est ce qui fit dire qu'en un repas il avait avalé deux villes entières [2]. Ammirato cependant nie l'anecdote. Il ne savait quel parti prendre, ni vers laquelle des deux villes aller. Les Lucquois n'eurent pas tant d'indécision et le lendemain même, jour de Pâques, ayant appris ce qui se passait à Pise, se rassemblèrent devant la maison de Néri della Faggiuola en demandant que Castruccio leur fût rendu [3]. Néri n'osant leur résister, parce qu'il ne le pouvait pas, remit aux rebelles son prisonnier qui portait encore ses fers aux pieds et aux mains. Cela fit le plus grand effet, et je me demande pour ma part si Castruccio, exprès, n'avait pas empêché qu'on les lui enlevât. La foule, transportée d'enthousiasme et de fureur, se servit de ses fers en guise d'étendard ; elle les porta devant ces bandes improvisées à l'attaque des forteresses où s'était successivement retranché Néri qui fut bientôt

---

1. *Chron. Pis.*, R. I. S. XV.

2.
      Io perdei Pisa e poi Lucca in un tratto
      A questo il fè la mia, pigrizi à sola
      Che non soccorsi, com'io potea, ratto.

              FREZZI, *Quadriregio*, l. II.

3. Sismondi, t. III, p. 252.

chassé de la ville [1]. — Castruccio parcourt alors les rues de Lucques
à la tête de ceux qui l'acclament. De loin, par-dessus l'espace qui
les sépare, les deux peuples de Lucques et de Pise crient : « Mort
à Uguccione ! » mais à Lucques un autre cri alimente et règle la
rébellion : « Vive l'Interminelli ! Vive Castruccio Castracani ! » Le
pauvre Uguccione se décide alors à ne gagner aucune des deux
villes qui ne sont plus à lui et se dirige tristement vers Vérone [2] où
Cane Grande della Scalla avait accueilli déjà tant de gibelins. —
Le métier de tyran n'est pas toujours agréable.

Castruccio, ainsi porté par la faveur populaire et par le destin, —
car il faut avouer que les événements récents lui avaient été au plus
haut point favorables, — continue à développer la ligne de son ambition et ne laisse pas passer l'instant propice sans en tirer tout
ce qu'il peut lui fournir d'utile. Il se fait élire, de suite, le 17 du
même mois, gouverneur de la guerre et commandant des troupes
au dedans et au dehors ; il ne peut empêcher qu'un collègue lui
soit adjoint et paraît trouver cela tout naturel : s'il n'a plus à éveiller les soupçons d'Uguccione, il doit prévenir ceux du peuple ; il
obtient par exemple que le commandement soit alloué à l'un et l'autre
des deux élus à tour de rôle et d'en être le premier investi. Une
fois dans ce poste, il en convoite un autre et, ne pouvant, d'un seul
coup, atteindre au pouvoir absolu, monte une à une les marches de
l'escalier qui l'y conduit. Le 12 juin, il est nommé capitaine de
Lucques pour six mois et grand défenseur du parti impérial ; le
4 novembre, le même pouvoir lui est décerné une seconde fois,
mais pour deux ans. Il rend aussi de réels services à son pays,
veille au fonctionnement régulier des lois, s'occupe des fortifications
de la ville, entraîne ses troupes par de nombreuses manœuvres en
excitant leur émulation par des récompenses : il prend toujours
soin de se ménager le plus de partisans possible et de s'attacher le
peuple. En politique extérieure il se montre également bon ouvrier,
il évite de heurter les Florentins jusqu'au moment où il pourra le
faire sans crainte ; afin de ne pas contrarier la sympathie occasion-
née chez eux par la victoire de Montecatini et afin de fortifier son
alliance avec Pise, il marie son fils, encore en bas âge, à la fille du

1. *Istorie pistolesi anonime*, XI. — Tegrimi.
2. Arch. de Lucques : *Atti Castruccio*, l. II. — *Inventario*. I, 84.

comte della Gherardesca qui remplaçait maintenant Uguccione [1].
Chaque jour il se révèle indispensable à la cité et le seigneur véritable. Il avait beaucoup appris à conduire les hommes, chose plus
utile pour un despote que la lecture des livres, quoique celle-ci, bien
entendue et bien comprise, le soit également : de tout ce qu'il avait
vu et de tout ce qu'il avait vécu déjà, des pays traversés, des
troupes conduites, il avait tiré les indications d'une doctrine sévère,
souple et sans préjugés, absolument dépourvue de scrupules
moraux ou religieux, doctrine indispensable à l'ambitieux d'alors et
qui le reste sans doute aussi à celui de maintenant, quoique les
choses aient changé, et que surtout leur apparence plutôt que leur
réalité fasse croire le contraire. Il transforma Lucques selon ses
besoins propres et, de communauté commerciale, la rendit militaire.
Il économisa sur les gabelles des portes pour se former un trésor de
guerre, et, en dehors des Lucquois organisés en milices, pour se
défendre contre eux en cas de besoin s'ils lui devenaient hostiles,
(il était en effet trop intelligent et avisé pour croire à la fidélité du
peuple), il s'attacha toute une clique de gens à la vérité bizarres,
tenant à la fois du bandit et du guerrier ; c'étaient des aventuriers
de toute sorte, de vieux soldats ou des voleurs de grands chemins,
des pirates ; il les laissa agir à leur guise en dehors des règle-
ments imposés qui demeuraient inflexibles : ces individus au
cœur simple et féroce lui furent acquis au plus haut point, tant il
est vrai que les natures rudes, même mauvaises et indomptables au
point du vue strict des sermonneurs méticuleux, se transforment
dès qu'elles ont rencontré leur maître, et demeurent plus suscep-
tibles d'un dévouement suivi que tant d'autres, plus selon les lois
et les convenances, plus agréables aussi dans leur frivolité sou-
riante, mais trop légères pour aider à l'accomplissement d'une œuvre
et sans profondeur dans le sentiment. « La valeur était à ses yeux
la première des vertus, dit Sismondi [2] ; il la récompensait par la
gloire et la licence : mais il avait l'art de faire plier sous les lois
de la discipline ceux qu'il affranchissait des règles de la morale. »
Et M. Perrens écrit dans son histoire de Florence [3] : « Prodigue
de récompenses et sévère dans les punitions, il faisait la guerre

1. VILLANI, IX. — AMMIRATO, V. — MARANGONI, I.
2. T. III, p. 335.
3. T. IV, ch. I.

comme personne ; il ne se fiait, en fait de forteresses, qu'à celles qui marchent et, peu à peu. il s'élevait à un degré de puissance surprenant pour un chef de la faction gibeline dans une province qui préférait la liberté par les guelfes à la grandeur par les gibelins. » L'historien gênois Stella [1] l'appelle « probissimus, de cujus rata justitia magnisque gestis etiam hodie laudabiliter sermo est ».

Les Florentins détestaient maintenant Castruccio et cherchaient à détruire l'influence qu'il prenait de jour en jour. Celle-ci, d'ailleurs, va grandir encore. — Il n'a pas perdu de vue le pouvoir qu'il veut posséder, et maintenant qu'il va le faire sien. il regarde plus loin et plus haut. Mais ce rêve de grandeur ne l'empêche pas de distinguer tout avec netteté : il ne veut risquer la partie qu'à coup sûr ; il distingue le mobile des offres de Matteo Visconti, Matteo n'agissant de la sorte que pour mieux l'écraser par la suite ; toutefois comme avant cette éventualité qu'il se promet de prévoir une aide lui est nécessaire, il ne dit pas non et profite de la sincérité du Milanais. — car, malgré les plans projetés vers le futur. on est toujours sincère quand on a besoin de quelqu'un : soutenir Visconti lui vaudra la réciproque, et Castruccio sait bien que de semblables marchés, pourvu qu'on les surveille, sont encore les meilleurs. — Avec un fort point d'appui de ce côté, il se décide à monter les dernières marches.

Sa charge de capitaine lui est bientôt confiée pour dix ans [2] : il obtient cet « avancement » en expliquant qu'il a besoin de se sentir soutenu pour tenir tête à Florence. Cependant ces nouveaux grades, une fois conférés, les Lucquois paraissent fort peu désireux d'ajouter à sa puissance, et, malgré les soins qu'il prend de se faire proposer ce qu'il désire, personne ne comprend ou ne veut comprendre. Il juge alors que l'éventualité attendue traîne en longueur et décide de la brusquer. Il fait exiler ce qu'il reste à Lucques du parti guelfe, les Avvocati, et en général tout ce qu'il compte d'adversaires ; mais il prend soin d'en faire porter la motion, tandis que lui-même est absent, par son vicaire Ugolino de Celle, puis il réunit les *anziani* et les *richiesti* dans une assemblée ; là il se fait proclamer maître seigneur à vie de la ville de Lucques et de

1. *Annal. gen.*, liv. II. R. I. S. XVII.
2. Mazzarosa, I.

ses dépendances ; dès le lendemain, par assis et levé, le vote est confirmé au grand conseil : un seul membre sur deux cent dix refuse de s'y associer. Quant à lui, il reste toujours loin, et quand on vient lui apporter sa nomination dans le val d'Arno, il feint l'étonnement, ne paraît cependant pas flatté et répond le plus simplement du monde qu'il réfléchira. Ce même jour d'ailleurs il revient à Lucques. Là, comédien jusqu'au bout, afin de bien donner l'illusion qu'il a été nommé par le peuple, il lui fait demander, par l'entremise de son vicaire, s'il ratifie la décision des deux conseils et si elle lui convient ; il annonce au surplus qu'il se montre prêt à ne pas l'accepter au cas où telle serait la volonté générale [1]. Le peuple répond ce qu'il répond toujours en pareil cas : il bat des mains, pousse de grands cris et applaudit celui qu'il pense son nouveau maître, alors qu'il l'est à son insu depuis longtemps. — Castruccio atteint ainsi un des premiers buts qu'il s'était fixés.

Machiavel raconte les faits d'une façon un peu différente. Voici comment : « De retour à Lucques, Castruccio, bien plus estimé qu'à son départ, ne négligeait rien pour gagner de nombreux amis ; il savait employer toutes les prévenances nécessaires pour enchaîner le cœur des hommes. Messer Francisco Guinigi étant mort sur ces entrefaites, ne laissant qu'un fils âgé de treize ans, nommé Pagolo, Castruccio avait été désigné par lui comme tuteur de ce fils et ainsi chargé de l'administration de ses biens. Avant d'expirer il l'avait fait venir auprès de lui pour le conjurer de prendre soin de son fils, de vouloir bien l'élever avec les attentions qu'il s'était plu lui-même à prodiguer, et de reporter sur le fils les marques de reconnaissance qu'il n'avait pu témoigner au père. Messer Francesco Guinigi expiré, Castruccio resta gouverneur et tuteur de Pagolo. Son crédit et son influence montèrent si haut que la bienveillance universelle qu'il s'était acquise parmi ses concitoyens dégénéra vite en envie ; il devint suspect à plusieurs d'entre eux et on l'accusa d'aspirer à la tyrannie ; parmi ses détracteurs les plus acharnés était Messer Giorgio des Opizzi, chef du parti guelfe, auquel la mort de Messer Francesco avait fait espérer devenir chef de Lucques ; il lui sembla que, Castruccio, demeuré dans le gouvernement par l'influence que lui valaient ses qualités, lui avait fait perdre toutes les occasions

1. TEGRIMI. — MAZZAROSA, I.

favorables, et il répandit en toute circonstance des bruits destinés à lui faire perdre toutes les bonnes grâces du peuple. Castruccio témoigna d'abord son indignation d'une pareille conduite, et il vint s'y joindre bientôt le soupçon ; il comprit que Messer Giorgio ne cesserait de le poursuivre tant qu'il n'aurait pas obtenu sa disgrâce auprès du vicaire du roi Robert de Naples qui le ferait chasser de Lucques.

« Le seigneur de Pise était alors Uguccione della Faggiuola d'Arezzo qui, élu d'abord par les Pisans comme leur capitaine, s'était fait depuis leur seigneur. Quelques exilés du parti gibelin avaient trouvé un asile auprès d'Uguccione : Castruccio entretint avec eux des intelligences pour les faire entrer dans leurs foyers avec l'aide d'Uguccione, et communiqua encore son dessein à ses amis de la ville qui ne pouvaient supporter la puissance des Opizzi. Les mesures à prendre sur ce qu'il devait faire une fois établies, Castruccio fortifia prudemment la tour des Honesti qu'il remplit de munitions de guerre et de bouche afin de pouvoir, en cas de besoin, s'y maintenir quelques jours ; et, la nuit convenue, il donna le signal : Uguccione était en effet descendu dans la plaine avec de nombreuses troupes qu'il avait postées d'abord entre les montagnes ; il s'approcha de la porte de San Piétro, une fois ce signal jeté, et mit le feu à la première barrière. Castruccio appelle le peuple aux armes de son côté et force la porte intérieure : ceci fait, Uguccione entre avec ses gens, parcourt les rues, massacre Messer Giorgio avec tous ceux de sa famille et un grand nombre de ses partisans, puis, le gouverneur une fois chassé, transforme comme il lui plaît le gouvernement de la ville, ce qui fut pour elle un très grand malheur, parce que de la sorte, plus de cent familles en furent chassées. De celles-ci, en fuyant, une partie se réfugia à Florence, une autre à Pistoie ; et ces cités, étant régies déjà par les guelfes, furent nécessairement ennemies d'Uguccione et des Lucquois.

« Il paraissait aux Florentins et aux guelfes en général que le parti gibelin avait pris en Toscane trop d'autorité et ils convinrent entre eux de saisir le prétexte de cet exil récent pour l'abaisser. Ils réunirent une grande armée et se portèrent dans le val de Niévole ; ils occupèrent Montecatini et vinrent ensuite établir leur camp à Montecarlo afin de garder libre le passage de Lucques. Pour cela, Uguccione réunit un corps assez considérable de Pisans et de Lucquois et le plus grand nombre de cavaliers qu'il put tirer de Lombardie, puis il se dirigea vers le camp des Florentins. Ceux-ci, sentant venir les ennemis, étaient partis de Montecarlo et s'étaient posés entre Montecarlo et Pescia. Uguccione avait mis la sienne au-dessous de Montecarlo proche des ennemis de deux milles environ, où pendant quelques jours les cavaliers de l'une et l'autre armée se livrèrent entre eux de légers engagements, parce que, Uguccione se sentant malade, les Pisans et les Lucquois se gardaient de livrer une vraie bataille avec les ennemis. Mais, sentant son mal s'aggraver, Uguccione se retira à Montecarlo pour se faire soigner en laissant à Castruccio la garde des troupes. Cet événement fut la ruine des Guelfes, car ceux-ci eurent d'autant plus confiance qu'il leur parut que l'armée ennemie était demeurée sans capitaine. Castruccio, le sachant, s'arrangea pendant quelques jours de façon à les fortifier dans cette opinion, il fit voir de la crainte et ne laissa sortir aucune munition du camp ; de leur côté, plus les guelfes s'apercevaient de cette crainte, plus ils devenaient insolents et, chaque jour, se présentaient en ordre de bataille devant l'armée de Castruccio. Celui-ci, lorsqu'il crut avoir suffisamment réveillé en eux de courage et qu'il eût pris connaissance de leurs dispositions, décida d'accepter la bataille avec eux. D'abord, avec un discours, il affermit l'âme de ses soldats et leur montra la victoire certaine s'ils voulaient obéir à ses ordres. Castruccio avait remarqué de quelle façon les ennemis avaient mis toutes leurs forces au milieu de l'armée et les troupes les plus faibles sur les ailes : cela leur fit faire le contraire ; il mit la partie la plus valeureuse de ses hommes sur ses ailes et au centre celle qu'il estimait moins. C'est dans cet ordre qu'il sortit de ses retranchements ; à peine était-il en présence de l'armée ennemie que celle-ci, insolemment selon sa coutume, le vint défier ; alors il commanda aux escadrons du centre d'avancer lentement et aux deux ailes de se précipiter avec vitesse. De la sorte, quand on en vint aux mains avec les ennemis, les ailes seules de l'une et l'autre armées combattirent et les escadrons du centre reposèrent ; le centre de Castruccio en effet étant resté tout à fait en arrière, le centre des ennemis ne put l'atteindre : et par cette manœuvre la gent la plus gaillarde de Castruccio combattit avec la plus faible des ennemis et la plus gaillarde de ses ennemis reposa sans pouvoir combattre les troupes qu'elle avait en face d'elle ni fournir aucun secours à ses ailes. Après, sans beaucoup de résistance, les ennemis de l'une et l'autre ailes prirent la fuite ; et le centre, se voyant dénudé sur ses deux flancs sans avoir pu montrer d'aucune façon son courage, en fit autant. La déroute et la tuerie furent considérables ; il y eut dix mille morts, parmi lesquels beaucoup de chefs toscans du parti guelfe et beaucoup de princes venus en faveur de ce parti, tels que Pierre, frère du roi Robert, Charles son neveu, et Philippe, seigneur de Tarente ; du côté de Castruccio, le nombre des morts n'atteignit pas trois cents, parmi lesquels Francesco, fils d'Uguccione, jeune homme résolu, qui fut tué au commencement de la lutte.

« Cette défaite fit grandir le nom de Castruccio ; Uguccione en conçut tant de jalousie et tant de soupçons au sujet de ses États qu'il pensa surtout à la façon dont il pouvait s'en débarrasser. Cette victoire en effet, au lieu de lui avoir donné l'empire, paraissait le lui avoir ravi ; aussi attendait-il une solution favorable d'agir lorsque Pier Agnolo Micheli, homme de grande estime à Lucques et des plus considérés, fut assassiné. L'assassin se réfugia dans la maison de Castruccio, où les sergents du capitaine s'étant précipités pour le prendre, Castruccio les chassa de telle sorte qu'il se sauva. Uguccione, l'ayant appris tandis qu'il se trouvait à Pise, jugea l'occasion juste et favorable pour punir ; il appela son fils Néri, auquel il avait déjà donné la seigneurie de Lucques et le chargea de convier Castruccio à un grand festin, afin de le prendre et de l'exécuter. Castruccio se rendit au palais du seigneur comme à l'ordinaire, ne craignant aucune injure ; il pensait probablement que l'on n'eût pas osé ; mais Néri, après l'avoir retenu à souper, le fit arrêter. Le fils d'Uguccione, un peu embarrassé cependant et craignant, s'il le tuait, de surexciter la population, le conserva vivant, décidé à attendre les ordres d'Uguccione sur la façon dont il devait se conduire. Uguccione blâma la lenteur et la faiblesse de son fils, pour terminer la chose en toute perfection, partit de Pise avec quatre cents cavaliers pour aller à Lucques : et il n'était pas encore arrivé aux Bains que les Pisans prirent les armes, tuèrent le vicaire d'Uguccione et les autres membres de sa famille restés à Pise et nommèrent leur seigneur le comte Gaddo della Gherardesca. Avant d'arriver à Lucques, Uguccione apprit la catastrophe de Pise, mais il pensa préférable de ne pas y retourner, dans la crainte que les Lucquois, à l'exemple des Pisans, ne lui fermassent aussi leurs portes. Mais les Lucquois ayant appris les événements de Pise, malgré qu'Uguccione fût entré dans Lucques, saisissant l'occasion de la libération de Castruccio, commencèrent à former des groupes sur les places et à y parler sans retenue ; peu à peu le tumulte grandit et ils vinrent en armes demander que Castruccio fût libéré. Uguccione, par crainte du pire, le tira de prison. Là-dessus Castruccio ayant de suite réuni ses amis et profitant de la faveur du peuple, se précipita contre Uguccione ; celui-ci voyant qu'il n'y avait aucun remède, s'enfuit avec ses partisans et gagna la Lombardie pour y trouver les seigneurs della Scalla, auprès desquels il mourut d'une façon misérable.

« Alors Castruccio de prisonnier devint prince de Lucques, opéra de telle sorte avec ses amis et la faveur toute récente du peuple qu'il fut fait capitaine des troupes pour un an. Ceci une fois obtenu, pour se valoir une réputation à la guerre, il résolut de faire réoccuper par les Lucquois beaucoup de terres qui s'étaient soulevées depuis la fuite d'Uguccione ; aidé des Pisans, avec lesquels il s'était ligué, il mit le siège devant Sarzana, et, pour l'attaque, fit construire au-dessus d'elle une redoute que, depuis, les Florentins ont entourée, de murailles et qui s'appelle aujourd'hui Sarzanelle. Au bout de deux mois il s'en empara. Ensuite, se servant de sa réputation, il occupa Massacarrara, ainsi que Lavenza, et en très peu de temps il devint possesseur de toute la Lunigiana, et, pour fermer le passage qui de la Lombardie conduit dans cette Lunigiana, il emporta d'assaut Pontremoli où il chassa Messer Anastasio Pallavicini qui en était seigneur. Quand il revint à Lucques avec cette victoire, il ne parut pas alors à Castruccio qu'il fallût différer l'heure de se faire prince, avec l'aide de Pazzino dal Poggio, de Puccinello dal Portico, de Francesco Boccansachi et de Cecco Guinigi, alors en grande réputation à Lucques et qu'il avait gagnés à sa cause, il se fit seigneur, puis, solennellement, par la délibération du peuple, il fut élu prince. »

*
* *

Une fois en possession du pouvoir, dictateur à vie, Castruccio continue son action. D'un compétiteur à l'empire, Frédéric le Beau, il accepte le titre de vicaire impérial, et Philippe de Valois arrivant en Italie, il prend soin de réunir et de préparer ses forces militaires. Castruccio n'est pas en effet de cette race de seigneurs vite contentés, qui, le pouvoir une fois acquis, s'y prélassent ; le repos n'existe pas pour une pareille nature : une ascension acharnée et toujours plus rude peut seule la contenter.

Les républiques guelfes avaient envoyé mille gendarmes à Philippe de Valois dès son arrivée, et Florence, dans cet envoi, comptait quatre cents chevaux ; de leur côté, les Pisans avaient envoyé à Castruccio quelques secours [1]. Au bout de peu de temps, les armées ennemies se trouvèrent en présence entre Novare et Verceil, à un petit village du nom de Mortara. L'attention entière de la péninsule se fixe en ce moment sur ce point où va se jouer la partie suprême : si Philippe est battu, Gênes, clef du territoire italien, redevient gibeline. Mais le nouveau tyran lucquois n'est pas assez sûr de la victoire ; les troupes de Matteo Visconti ne lui sont pas suffisamment connues, ses forces sont trop inférieures ; il juge que la situation préférable serait celle d'un traité ; et sachant que Philippe ne tient également pas à la lutte, il se ménage une entente. Cet essai réussit ; de vagues conditions sont formulées ainsi que de mutuelles promesses. Mais, dès que le Valois a repassé les Alpes, Castruccio s'arrange en sorte que les exilés génois le nomment vicaire général de la rivière du Levant et apportent à Lucques leur appui en échange de l'aide dont il les assure ; et pour se montrer scrupuleux de sa parole, il marche contre leur patrie sous prétexte de les y reconduire [2].

Le danger devient sérieux pour Florence ; et une action rapide étant nécessaire, il semble que le mieux soit de s'opposer à l'entreprise du Lucquois avant qu'il n'ait pu atteindre Gênes ; aussitôt les discordes cessèrent dans la ville du lys ; « la grande peur qu'elle avait de Castruccio, dit Machiavel [3], la tenait unie ; » elle envoie en même temps Guido de Petralla dans le val de Niévole pour ravager le territoire de Lucques et y susciter quelques révoltes propices. Castruccio se doutait de ces machinations et craignait que l'aristocratie ne profitât de son absence pour détruire le nouveau gouvernement [4], mais,

---

1. VILLANI, IX. — L. ARETINO, V. — *Beverini annales lucenses*, P. I, l. VI.
2. VILLANI, IX. — AMMIRATO, V. — BEVERINI, VI. — MAZZAROSA, I.
3. *Istor. fiorenti.*, liv. II.
4. VILLANI, IX. — AMMIRATO, V.

d'autre part, il jugeait qu'une victoire apaiserait vite la révolte possible et que, tout demeurant encore paisible autour de lui, il valait mieux marcher de l'avant. Les Florentins reculèrent d'abord à la recherche d'une position favorable et se couvrirent par les marais de la Gusciana en se dirigeant vers Altopascio. Il campa devant eux, satisfait de les tenir en échec ; l'ennemi se le montrait également d'avoir empêché par sa venue qu'il n'atteignît Gênes ; et cette double satisfaction, la saison devenant contraire, amena les deux armées à déclarer le mois de novembre trop mauvais pour la bataille, ainsi qu'à rentrer dans leur pays, chacune de leur côté. Pour n'en pas perdre l'habitude toutefois, Castruccio s'était emparé de trois châteaux-forts, Cappiano, Montefalcone et Santa-Maria a Monte ; il avait ravagé le val d'Arno inférieur, pensant qu'il eût été mauvais de laisser retourner ses troupes sans butin, et il s'était fait remettre les clefs de plusieurs places fortes dans la Garfagniane, la Lunigiane et la région appelée rivière du Levant [1].

Le printemps de l'année suivante refleurit avec les hostilités. Les Florentins s'allièrent avec Spinetta Malaspina dont Castruccio avait dépouillé les fiefs ; Malaspina était en ce moment auprès de Cane grande della Scala et il en profita pour joindre une partie des troupes véronaises aux siennes. Castruccio devait être attaqué sur deux points différents à la fois, ses ennemis espérant remporter la victoire là où il ne commanderait pas [2] ; et, comme tant d'autres, cet espoir fut déçu. Dès que l'une ou l'autre des armées guelfes pénétrait sur le territoire lucquois, elle rencontrait une sérieuse résistance ; c'est que le despote avait su se servir de l'enthousiasme causé par son pouvoir encore nouveau ; chaque village était transformé en véritable forteresse, tous les habitants valides enrôlés comme soldats, et, sûrs en cas de défaite que leurs maisons seraient pillées et qu'eux-mêmes trouveraient la mort, ils se conduisirent courageusement. Chaque pas en avant de l'armée florentine lui coûtait un grand nombre de blessés ou de tués ; et pendant qu'elle s'épuisait de la sorte, Castruccio, s'apprêtant de son mieux à la résistance, obtenait des secours de Plaisance, de Pise, de Parme et d'Arezzo, sans compter ceux de Matteo Visconti ; son armée attei-

1. VILLANI, IX. — L. ARETINO, V.
2. AMMIRATO, V.

gnit de la sorte, outre ses innombrables *pedoni*, seize cents hommes
à cheval. Il la conduisit devant Montecatini pour en faire lever le
siège. Les Florentins reculèrent et abandonnèrent la place. Alors
Castruccio se porta contre les châteaux dans la Lunigiane où s'était
enfermé Spinetta Malaspina et s'en empara de nouveau, un à un ;
auparavant il avait ravagé encore une fois le val d'Arno [1]. Dans ces
affaires, les Pisans l'avaient beaucoup aidé ; on se souvient qu'il
leur devait en partie la retraite d'Uguccione ; il reconnut leurs
bienfaits par de l'ingratitude, selon la coutume habituelle à tous
les temps. Son ambition primait les autres considérations ; Pise
paraissant s'offrir comme une proie facile, il trouva très naturel
d'en profiter. — Les deux factions plébéiennes et patriciennes y
étaient aux prises ; le comte Néri della Gherardesca, nommé capitaine
des gens de guerre son neveu une fois mort, avait tourné le dos au
parti populaire, bien qu'il lui dût sa situation présente, pour faire
cause commune avec les nobles [2] ; le parti populaire, de son côté,
abandonné à lui-même, s'était donné un nouveau chef, désireux de
devenir à son tour aristocrate, Coscetto del Colle ; les choses s'étaient
exaspérées peu à peu, et la flamme, après avoir couvé sous la cendre,
apparaissait à la lumière en mai 1322 ; pendant deux jours et deux
nuits on s'était battu, et le comte della Gherardesca avait fait couper la tête au pauvre Coscetto del Colle pour lui créer une réputation de démagogue sincère et persévérant dans ses principes ; il
avait exilé en outre quinze chefs des plus grandes familles. Castruccio, après s'être avancé vers la ville, reconnaissant que la prise
de celle-ci par un coup de main serait impossible, s'en revint sur
ses pas. Et ce fut au retour de cette expédition inutile qu'il fit commencer la construction d'une forteresse destinée, dans sa pensée, à
le préserver des émeutes populaires. La légende veut qu'il ait fait
abattre trois cents tours de la ville, autant pour se procurer des
matériaux que pour supprimer les forces défensives de ses adversaires ; et cette légende est peu vraisemblable [3]. Cette forteresse fut
appelée l'*Agosta* ou la *Gosta*. Elle devait être sévère, nue et d'un
seul bloc, avec des murs très épais ; elle n'existe plus, et le palais
ducal fut construit sur son emplacement ; on peut s'en faire une

1. VILLANI, IX. — BEVERINI, VI.
2. MARANGONI, I. — *Chronica anonima di Pisa*, XV. — VILLANI, IX.
3. Voir : MAZZAROSA, GIANELLI, VANUCCI.

idée, sans doute, par l'ancien château rouge des Scala, à Vérone, à l'entrée du Ponte Vecchio, par celui des Visconti et des Sforza à Milan, et aussi par un *castellino* assez bien conservé qui se trouve à Binasco, sur la route de Milan à Pavie, et où Filippo Maria Visconti, par simple jalousie, en 1413, fit exécuter sa femme Béatrix de Tende.

Les Florentins, malgré leur retraite, étaient bien décidés à continuer la lutte. Dès que le pape Jean XXII leur demanda d'envoyer une troupe en Lombardie contre le fils de Matteo Visconti, ils le firent ; il est vrai que cette guerre lombarde fut peu sérieuse et finit vite ; mais en même temps ils s'occupaient du gros de leurs troupes et mettaient à leur tête un gentilhomme du Frioul, Jacopo de Fontanabuona, capitaine assez renommé ; puis ils l'envoyaient tenir la campagne devant la Gusciana pour empêcher Castruccio de la franchir [1]. Castruccio était occupé ailleurs et ne tenait pas à agir en ce moment même de ce côté. — Il observe avec soin la situation de la péninsule ; il l'étudie dans ce qu'elle a de plus secret ; il est attentif aux moindres évènements ; et il regarde le va-et-vient des choses à la façon de l'aigle qui, du haut du ciel où il plane, parcourt l'étendue afin de distinguer dans la plaine le troupeau mal conduit ou la brebis égarée dont il pourra faire sa proie ; il envisage toute chose au seul point de vue de son ambition ; le reste lui est égal, et cette ambition augmente au fur et à mesure qu'elle se réalise. Il commence autour de lui à n'y avoir plus personne ; là encore le destin le sert en fauchant ou annulant ses rivaux possible : le Montefeltro, condamné comme hérétique dans la Marche, entendait prêcher la croisade contre lui, et, assiégé ensuite dans son château d'Urbino, ne faisait sa soumission que pour en être remercié par la mort, après avoir paru la corde au cou et pieds nus devant ses vainqueurs ; ceux-ci l'enterraient même avec le cadavre de son fils dans la carcasse d'un cheval mort et jetaient les trois dépouilles dans un fossé ; Matteo Visconti, nonagénaire et excommunié aussi, abandonné de ses anciens partisans et des Milanais eux-mêmes, allait cacher le reste de ses jours dans un couvent ; et, dans un autre ordre d'idées autant que de personnes, le Dante venait de mourir. Mais Castruccio, à rester ainsi seul, en même

---

1. Villani, IX. — Ammirato, V. — *Ist. pistol. anon.*, t. XI. — *Jaccottii manetti hist. pistol.*, l. II.

temps que ses avantages, doit subir les désagréments de la situation ; partout il est traqué ; son parti, pour être ainsi dépourvu de défenseurs, est de beaucoup le moins fort ; et les guelfes relèvent la tête ; de plus la défensive lui pèse ; son inertie inquiète lui paraît une sorte de capitulation ; et il décide bientôt de se mettre en campagne.

Le val d'Arno faisait communiquer le territoire lucquois au territoire florentin ; mais, le long de cette route, l'ennemi avait fortifié Santa-Croce, Castelfranco et Fuccechio ; une autre voie s'offrait, tentante, celle par Pistoïe ; et Serravalle, à trois milles, fournissait un excellent point d'appui. Castruccio préféra la dernière combinaison ; mais, jugeant que si la ville était prenable par diplomatie, il fallait employer ce dernier moyen de préférence à tout autre, il négocia. Pistoïe ne pouvait d'ailleurs opposer une résistance sérieuse ; son trésor était presque vide ; les principaux chefs de son aristocratie se trouvaient exilés ou tués ; le découragement était général ; des factions opposées se disputaient les restes du pouvoir. Parmi l'une d'elles un gros curé assez fin, paraît-il, jovial, attentif à se créer des alliances, fut plus heureux que ses rivaux : il était abbé de Paciani et s'appelait Ormanno des Tedici. Il tonna contre la guerre, démontra facilement à ses concitoyens qu'elle était le pire des fléaux, et parla d'obtenir une trêve ; l'effet fut d'autant plus grand que la chose semblait impossible, tant Pistoïe, située entre les deux rivalités de Florence et de Lucques, offrait un territoire naturellement propice aux différends des deux villes ennemies. Castruccio, au courant, bien entendu, de tout, fit savoir à l'abbé qu'il le soutiendrait avec plaisir dans ses projets, et l'abbé lui répondit qu'il allait justement lui demander son aide ; certains chroniqueurs disent même que Castruccio reçut les avances du Tedici avant d'avoir commencé les siennes ; en tout cas, l'affaire allait à merveille et l'abbé jura de livrer la ville dès qu'il en serait le maître. Castruccio, qui savait à quoi s'en tenir sur de tels serments, feignit d'y croire, et, promit, pour sa part, de consentir à la trêve, si les conditions n'en étaient pas trop désavantageuses. A cette nouvelle, les habitants de Pistoïe se joignirent aux paysans des alentours et se groupèrent autour du prêtre, décidés à le faire gouverneur [1].

1. Manetti, II. — Beverini, VI.

L'entreprise demandait beaucoup de soin et de circonspection ;
cette trêve était loin de contenter tout le monde et paraissait même
étrange aux esprits soupçonneux ; on s'étonnait de voir l'abbé
traiter seulement avec Lucques sans en parler à Florence ; les
opposants, vite réunis, faisaient observer avec raison qu'il était
nécessaire, en outre, de demander leur acquiescement aux guelfes de
Toscane ; et en même temps ils avertissaient ceux-ci pour les engager au refus. Castruccio, qui démêlait mieux la situation que son
allié, lui conseilla de satisfaire l'opinion publique, ou du moins de
paraître s'y efforcer, ce qui est toujours mieux que de la braver et
ce qui procure du temps ; il fit savoir que, quant à lui, Castruccio, il trouvait les observations des guelfes tout à fait justes et qu'il
était tout prêt à en profiter. L'abbé reçut donc avec une charmante
cordialité les six ambassadeurs florentins ; il les enveloppa d'une
atmosphère de louanges et de bénédictions ; il les invita à
dîner. Eux ne se flattaient pas d'empêcher tout accord des habitants de Pistoïe avec Castruccio, mais espéraient les atténuer, en
restreindre les dangers immédiats et principaux, surtout faire
traîner en longueur l'établissement définitif de la trêve ; et ils
offrirent bénévolement d'envoyer une garnison suffisante pour
que la ville fût à l'abri de tout danger. — L'abbé ne dit jamais
non, et avise ensuite. Il se démène, il excite le peuple en lui repré-
sentant, avec force éloge des Florentins toutefois, que ceux-ci
paraissent ne vouloir de la trêve à aucun prix ; et le peuple,
furieux de voir que la trêve, en effet, ne se décide point, se soulève
le lundi de Pâques 13 avril 1322 ; il se porte devant le palais où
l'abbé discute avec les ambassadeurs et acclame le premier en
même temps qu'il demande la mort des seconds ou du moins leur
départ immédiat. Avec son habituel air cauteleux exprimant la plus
profonde consternation, le Tedici vient lui-même expliquer à ses
hôtes combien la situation est dangereuse ; il leur démontre que
son plus vif désir serait de les garder mais que, pauvre prêtre sans
puissance, simple mandataire de la foule, il ne peut se faire obéir ;
après leur avoir signifié leur congé de cette manière, il les reconduit
jusqu'aux portes des remparts ; celles-ci, une fois bien closes, il
fait approuver la trêve ainsi qu'un tribut annuel de trois mille florins, et est nommé seigneur ; il déclare par exemple avec humi-
lité qu'il refuse toute pompe inutile et n'habitera pas le palais

public [1] ; et aussitôt il s'efforce d'exercer la souveraineté. « Mais ces petites intrigues de couvent, dit Sismondi [2], quoiqu'elles eussent réussi à lui faire obtenir la première place, étaient insuffisantes pour l'y maintenir ; ses ruses ne pouvaient lui tenir lieu de profondeur, sa cruauté de caractère, son ambition de courage et de fermeté. » L'historien anonyme de Pise, son contemporain, parle de lui en ces termes [3] : « En tout ce qu'il faisait, il se comportait en homme vil ; il ne savait point être seigneur ; il croyait plutôt les autres que lui-même ; chacun de ses parents voulait être maître et ne songeait qu'à voler la communauté ou les particuliers ; rien enfin ne se faisait dans Pistoïe où les Tedici ne voulussent trouver gain et avantage. » Son gouvernement, dont il profita pour chasser plusieurs familles ennemies, dura cependant quatorze mois ; il entretenait les relations les meilleures avec Castruccio et parlait toujours de lui livrer la ville, en reculant cette éventualité au fur et à mesure qu'il la garantissait prochaine. Mais Castruccio n'attendit pas longtemps pour interrompre le jeu auquel il avait jusque là paru croire ; il se saisit brusquement de la forteresse de Papiglio et se rendit maître ensuite de la contrée montueuse qui s'étend jusqu'au sommet des Apennins entre Lucques, Modène et Pistoïe. Il y avait là de nombreux châteaux dont il se saisit et c'était un pays fertile qui lui permettait de nourrir son armée ; il se préparait ainsi à entrer bientôt en campagne contre Florence, qui, de son côté, s'entretenait la main par une campagne du même genre, au cours de laquelle diverses forteresses de la Cosentino et du val d'Ambra étaient emportées d'assaut ; elle soumettait de plus les Ubaldini et aidait à la victoire de Ramon de Cardona contre Marco Visconti ; elle intriguait à Gênes, afin de combiner une attaque simultanée sur terre et sur mer contre le val de Niévole ; elle acceptait comme chef de Robert, auquel elle l'avait demandé, le comte Novello et un renfort de deux cents cavaliers [4].

La campagne commença le 1er juin. Les Florentins avaient intrigué dans la place forte de Fontanabuona et obtenu, moyennant finance, qu'elle leur fût livrée. Mais en acceptant le commandement

1. *Ist. pistol.*, IX. — Manetti, III. — Ammirato, VI. — March. de Coppo, VI.
2. T. III, p. 240.
3. P. 418.
4. Villani, IX. — M. de Coppo, VI. — Ammirato, VI.

du comte Novello, ils avaient blessé profondément leur autre condottière [1], et Castruccio, devinant bien quels pouvaient être les sentiments de son confrère et en ayant peut-être été averti, résolut d'en profiter : il lui fit tenir par un agent secret la garantie d'une paye bien supérieure à la sienne s'il consentait à le servir. Devant un argument aussi péremptoire, le condottière s'empressa de révéler la trahison prochaine du château de Buggiano, trop heureux d'augmenter sa bourse tout en se vengeant de ce qu'il pensait une injure [2]. A ce sujet, on a déclaré que ce fut la première de ces trahisons de capitaine qui devinrent si fréquentes par la suite et rendirent dangereux l'emploi des soldats mercenaires ; je le veux bien, mais je ne le crois pas ; de pareils faits devaient s'être déjà souvent produits ; et l'instinct de trahison est trop dans la nature humaine pour que, pendant les siècles précédents, il ne se soit pas révélé ; les occasions propices à le faire éclore se montraient trop fréquentes pour qu'il en eût été autrement ; ces capitaines mercenaires seuls possédaient de véritables forces disciplinées et, recherchés partout, sollicités des ennemis qu'ils avaient à combattre plus encore que par les concitoyens dont ils devaient défendre la ville, avant tout désireux d'argent, demeuraient à la merci de tentations violentes. On aurait tort de croire qu'ils soient le moins du monde excusables ; quel que soit le poste que l'on ait accepté, même ingrat ou insipide, même et surtout si sa défense apparaît impossible, le devoir pour tout homme de cœur est de le garder jusqu'à la dernière goutte de sang et de ne le rendre jamais, pas plus à l'or qu'à la force.

Castruccio porta dans l'affaire de Buggiano cette rapidité de décision exécutive dont il fera preuve jusqu'à la fin ; il ordonna que douze des conspirateurs fussent pendus et joignit les troupes du Fontanabuona aux siennes ; puis, du 13 au 23 juin, il pénétra deux fois sur le territoire florentin en saccageant tout sur son passage sans rencontrer la moindre résistance. Cette guerre trop facile l'ennuyant à la longue par sa monotonie, après avoir fait le plus de butin possible autour de Fuccechio, de Santa Croce et de Castel Franco, il passa l'Arno, dévasta les campagnes de San Miniato, dé

---

1. VILLANI, *id.* — AMMIRATO, *id.*
2. M. DE COPPO, *id.*

Montopoli et toute l'extrémité du val d'Elsa ; il revint ensuite à Lucques [1] pour mettre en sûreté toutes ses prises et surtout pour faire croire qu'il abandonnait la lutte ; mais il laissa passer seulement huit jours, et le 1er juillet se présenta tout à coup, à une heure des murailles florentines, à Aïolo ; il était ainsi à un mille de Prato. Cette petite ville, saisie d'une frayeur extrême et bien naturelle, fort peu désireuse d'être pillée et souhaitant surtout continuer son existence à quelque prix que ce fût, envoya prévenir Florence que, si un prompt secours ne lui était pas envoyé sur-le-champ, elle serait contrainte d'accueillir l'ennemi. Florence se trouvait bien embarrassée ; la trahison du Fontanabuona la laissait dépourvue de troupes véritables. Elle fit alors appel au patriotisme général et supplia tous ses habitants valides de prendre les armes ; les citoyens répondirent à cet appel en équipant à leurs frais deux compagnies à pied et à cheval. Elle fit proclamer en outre que tout banni guelfe qui rejoindrait l'armée serait libéré de son exil et de ses condamnations ; ce second appel fut aussi bien entendu que le premier et Villani assurer qu'il en résulta beaucoup de mal ; toujours est-il qu'elle avait agi avec une rapidité merveilleuse, car, dès le lendemain de la proclamation, 1.500 chevaux et 20.000 hommes de pied se réunissaient à Prato, parmi lesquels 4.000 bannis, « molto fiera gente [2] ».

Castruccio n'avait pu emmener pour sa part que 800 hommes de cavalerie pour répondre au premier choc, ses 8.000 fantassins restant encore en arrière. Quand les Florentins s'aperçurent de leur avantage, selon leur habitude, ils se pensèrent certains de la victoire, et la plus grande confiance succéda dans leurs rangs à la plus grande terreur. Castruccio feignit alors d'accepter le combat ; puis il décampa dans la nuit, traversa l'Ombrone et établit ses troupes à Serravalle. Les Florentins n'eurent pas l'heureuse idée de le poursuivre, ce qui leur eût permis de culbuter l'armée lucquoise dans la rivière et de remporter une victoire presque certaine, probablement définitive ; ils demeurèrent dans leur camp, et les disputes y commencèrent avec véhémence, ce qui n'a rien d'étonnant, étant donnés les éléments divers dont il se composait ; tout le monde pérorait à qui mieux mieux, tous proposant des plans opposés, et ce fut après

1. Villani, IX.
2. Villani.

toute une suite de controverses stériles que le passage sur le territoire lucquois fut décidé. Cette décision n'eut d'ailleurs aucun résultat. Les nobles expliquèrent que les fantassins étaient indisciplinés
et ne pourraient engager une action sérieuse ; les bourgeois, au contraire, voulurent la lutte à tout prix ; et Castruccio les mit d'accord par sa seule présence. Il s'était admirablement fortifié sur les
bords de la Gusciana, compensant largement son infériorité numé-
rique par l'avantage de son génie militaire. Les Florentins revinrent
dans leur ville ; Novello n'avait pas dépassé Fucecchio ; ils avaient
à peine entrevu l'ennemi [1]. Castruccio retourna tranquillement à
Lucques. On y fut particulièrement fier de lui à la nouvelle des événements ; le recul des Florentins semblait jusque là chose impossible
à la petite ville. Le tyran en profita pour ajouter de nouveaux pri-
vilèges à son autorité et s'établir définitivement le seul maître. Afin
de ne pas laisser ses troupes se perdre dans l'inaction, il leur fit
exercer de fréquentes manœuvres alternées de pillages, couronnement indispensable des opérations guerrières d'alors, et de presque
tous les temps, il faut l'avouer. Il tenait à ne pas perdre l'attache-
ment de ses hommes ; il était certain que Florence n'attendait
qu'une occasion nouvelle de recommencer la lutte ; et sa tête
venait d'être mise à prix par la république pisane [2]. Il avait de plus
dû se défendre dans Lucques même contre une conjuration. Le récit
de Machiavel, s'accordant assez bien avec celui des autres historiens,
peut être reproduit comme véridique : « Il y avait dans cette cité la
famille de Poggio, puissante non seulement pour avoir aidé à la
grandeur de Castruccio, mais pour l'avoir fait nommer prince ;
cependant il ne paraissait pas qu'elle eût été récompensée selon ses
mérites ; elle convint avec une autre famille de Lucques de soulever
la cité et de chasser Castruccio. Les conjurés profitèrent un matin de
son absence, coururent armés au palais où son lieutenant rendait la
justice en son nom et le massacrèrent : ils voulaient ensuite soulever
le peuple par leur rumeur, lorsque Stefano de Poggio, vieillard paci-
fique qui n'avait pas voulu intervenir dans la conjuration, s'avança
vers eux et les contraignit par l'autorité de son âge à mettre bas les
armes, s'offrant d'être leur médiateur entre eux et Castruccio, et pro-

---

1. L. ARETINO, V. — VILLANI, IX. — M. DE COPPO, VI. — AMMIRATO, VI.
2. BEVERINI, VII. — VILLANI, IX.

mettant toutes les choses qu'ils pouvaient désirer. Ils posèrent leurs
armes à ces paroles, aussi imprudemment qu'ils les avaient prises ;
car Castruccio, à peine eût-il appris l'affaire, sans perdre de temps
était venu à Lucques avec une partie de ses gens, laissant le reste
du camp sous les ordres de Paolo Guinigi [1]. Contre son attente, il
trouva tout apaisé ; mais il lui parut facile d'assurer davantage son
autorité et il plaça ses partisans armés dans tous les lieux opportuns. Stefano de Poggio, pensant que Castruccio lui aurait obliga-
tion de ce qu'il avait fait, alla le trouver et sans intercéder pour
lui parce qu'il pensait n'en avoir pas besoin, il le supplia pour les
autres membres de sa famille, expliquant qu'il fallait pardonner
beaucoup à la jeunesse et se souvenir de l'antique amitié et des
obligations qu'il leur avait ; à quoi Castruccio répondit d'une
manière affable, l'engagea à demeurer l'âme tranquille, et lui confia
avoir plus de plaisir à voir le tumulte apaisé qu'il n'avait ressenti
de chagrin en apprenant le soulèvement des rebelles ; il l'engagea à
faire venir tous ses parents devant lui, disant qu'il rendait grâce à
Dieu de lui avoir fourni l'occasion de montrer sa clémence et sa
libéralité. Une fois qu'ils furent venus sur la foi de Stefano et de Castruccio, il les fit charger de chaînes, ainsi que Stefano, et les con-
damna à mort. » Machiavel ajoute : « Maintenant que Castruccio
avait déposé les armes contre les Florentins et qu'il se fortifiait dans
Lucques, il ne manqua pas, pour ne plus retomber dans les périls
qu'il venait de courir, de faire mourir sous différents prétextes ceux
qui pouvaient nuire à sa grandeur en aspirant au pouvoir ; il n'en
épargna aucun, privant de leur patrie et de leurs biens ceux
qu'il ne pouvait atteindre et arrachant la vie à ceux qu'il pouvait avoir dans les mains, disant, pour s'excuser, que l'expérience
lui avait appris à ne compter sur la fidélité de personne. Pour sa
sécurité, il fonda une forteresse dans Lucques et se servit des matériaux des tours de ceux qu'il avait chassés ou tués [2]. »

L'éternelle guerre reprit l'année suivante, mais fut surtout commerciale ; Lucques s'y comportait de façon inférieure et fournissait
ainsi à sa rivale l'occasion de sérieux avantages ; Florence interdit,
à partir du 21 mai 1324, toutes relations avec la ville ennemie ;

---

1. Il n'y a qu'à supprimer ce Guinigi pour que le récit continue à rester véridique
ou du moins, à être pris comme tel.

2. Voir plus haut.

aucun citoyen, même exilé, n'avait le droit d'y vendre ou d'y acheter quoi que ce fût; il ne devait même pas y entrer ou y écrire, sous menace de voir ses biens confisqués; et, pour que ces lois eussent toute leur rigueur, l'exécuteur de justice, flanqué de douze secrétaires, était chargé de faire une enquête sur chacun des sept arts majeurs; la mesure s'étendait au territoire et aux villes amies. — Castruccio, qui ne pouvait que laisser faire, s'arrangea du moins à restreindre l'effet de ces mesures en détournant l'attention mécontente qu'elles suscitaient; car, à voix basse, il est vrai, mais d'une voix qui filtrait partout, les commerçants laissaient entendre qu'ils en avaient assez et tenaient Castruccio pour responsable de leurs pertes. — Le tyran, sachant que de ce côté on ne pourrait réussir tant qu'il serait là, laissa dire, et il recommença ses intrigues à Pise et à Pistoïe; le moment pressait d'autant plus qu'il n'avait pas pu empêcher les Florentins de s'emparer de Fuccechio, le 19 décembre 1323; et il revenait à son dessein de se servir de Pistoïe comme d'un point avancé. La domination de l'abbé s'était fort restreinte au profit de son neveu; celui-ci tendait peu à peu à la première place officielle, et, le 24 juin, il se faisait conférer pour un an le titre de seigneur par les mêmes hommes populaires dont l'intrigue avait d'abord aidé son oncle; pour se consolider dans sa position nouvelle, il intriguait à Florence et à Lucques, espérant de l'une et de l'autre des subsides, se moquant également des deux, mais prêt à servir celle qui se montrerait la plus généreuse en lui vendant la ville même. Castruccio n'eut garde de laisser passer une aussi belle occasion; toutefois, sachant l'offre double malgré toutes les démonstrations de sincérité dont s'enveloppait celle qu'il avait feint de croire, il alla s'établir à Bellosguardo, sur des hauteurs dominant la ville convoitée, pour mieux la tenir sous la main. Cette présence parut louche aux Florentins, étonnés qu'une aide efficace ne leur soit pas demandée, mécontents de voir que Tedici s'arrangeait de manière à maintenir leurs cavaliers aux portes de la ville sans jamais les laisser entrer; bientôt, lassés de traiter avec des alliés aussi étranges, ils se retirèrent de la partie. En voulant avoir deux alliés, Tedici n'en avait plus, s'était fait un ennemi de l'un et avait servi les plans ambitieux de l'autre; il s'était découvert devant le chanoine qui intriguait à son tour maintenant contre lui pour reprendre sa position première. Il se débarrassa d'abord de son oncle en le mettant en prison et en lui donnant comme société les ambassadeurs mêmes de Florence ; les compères durent se réconcilier dans leur malheur commun ; restait Castruccio. Du haut de ses montagnes, celui-ci était renseigné de tout ce qui se passait ; il pensa l'occasion bonne pour demander de l'argent ; la trêve lui comptait jusque là trois mille florins, cela l'augmenta de mille. Et Pistoïe était désormais perdue pour Florence, étant donné un adversaire comme le Castracani ; celui-ci s'occupait en même temps de Pise où il complotait contre le comte Neri ; il essayait de se concilier Prato afin de pouvoir s'y rendre dès que Pistoïe serait entre ses mains, et il négociait à Florence avec des mercenaires français au service de la République. A Pistoïe même, au lieu de rompre avec le Tedici qu'il reconnaissait si faible et si maladroit, il se rapprochait de lui au point de l'appeler son ami véritable et lui démontrait qu'il aurait tort de ne pas accepter ses avances ; il cherchait à se poser en sauveur venu tout exprès pour mettre les choses au point. Il lance ensuite sa fille, fort jolie, contre le jeune homme, et la petite qui comprend les intérêts de son père se fait épouser d'autant plus facilement que le Tedici n'aurait eu garde de refuser une alliance illustre qu'il jugeait favorable ; on ne dit pas si elle avait une dot ; elle fut accompagnée en tout cas des dix mille florins dont son père paya la possession de la ville ; mais cette somme était minime en face de sa double victoire : il casait son enfant et entrait, le 5 mai, dans Pistoïe ; en même temps qu'il payait son achat, il se le remboursait par les impôts. — Là encore il avait assez bien louvoyé [1].

La fureur et le découragement saisirent les Florentins. Ils parlèrent, menacèrent, discutèrent d'innombrables projets, et ne firent rien ; « Un seigneur à lui seul, écrit judicieusement Marchione de Coppo [2], mène mieux les affaires qu'une commune, être collectif. » Ils se ressaisirent cependant à la longue et mirent à leur tête ce même Ramon de Cardona qui avait lutté contre Matteo Visconti ; ce condottière allait commander à l'une des plus puissantes armées guelfes que Florence eût jusque là levées ; sans les secours de ses alliés, elle comprenait déjà mille citoyens à cheval, quinze cents

1. FIORAVANTI, XXIX. — *Ist. pist. an.* R. I. S., XI. — VILLANI, IX. — BEVERINI, VI. — M. DI COPPO, VI.
2. VI.

gendarmes mercenaires, français pour la plupart, et quinze mille fantassins ; la solde générale dépassait chaque jour trois mille florins [1]. — Ramon de Cardona marcha contre le château d'Astomino, s'en empara, le fit raser, et fournit à nouveau de la sorte à ses troupes la confiance qui leur avait été si souvent fatale.

Castruccio s'était préparé à la lutte et n'était pas pris au dépourvu. Il avait envoyé des ambassadeurs auprès de Louis de Bavière pour l'assurer de son dévouement, et l'assurance de ce dévouement lui avait valu le titre de vicaire impérial ; à Lucques, il avait fait déclarer son fils héritier de la seigneurie par toute une suite de machinations, invoquant en outre la fragilité des choses humaines et le danger des pouvoirs mal établis, faisant valoir aussi la grandeur où, par ses soins, avait atteint la cité ; il voulait que pendant son absence quelqu'un de sa famille, de son propre sang ou du moins de celui de sa femme, et dont il pût être à peu près sûr, régît les affaires d'une façon ferme et sans que la curiosité publique intervînt. — Encore une fois ici, il se sert de la ruse. Pensant que Ramon de Cardona compte sur son attaque, il le laisse attendre pendant quinze jours sur ses positions de Prato, et spéculant sur l'anxiété probable causée par sa tactique, tout en ne faisant rien lui-même, il suggère l'offensive ; et l'adversaire s'y décide à la fin et en répondant lui aussi par la ruse. Du 9 juillet au 17 juillet, il multiplie les feintes, fait mettre le siège devant Tizzana et paraît occupé à la construction d'importantes machines ; puis, supposant le Lucquois dupe de toutes ces apparences, il poste mille de ses meilleurs cavaliers dans le passage de Rosamolo, à deux milles de Fucecchio, en donnant l'ordre à leur sénéchal de s'emparer du pont fortifié de Cappiano, sur la Gusciana, importante position commandant tout le territoire de Lucques, celui-ci étant entouré et défendu de toutes parts, par des montagnes au nord et par des marais au sud ; le lendemain, 10 juillet, l'armée rejoint son avant-garde et se place le long de la rivière. Le plan était bien combiné, et Castruccio s'en inquiète d'autant plus que Ramon de Cardona s'est encore emparé des châteaux de Cappiano et de Montefalcone[2], et que de nombreux renforts lui sont parvenus, comprenant quinze cents

---

1. VILLANI, IX. — *Ist. pist. an.*, p. 423. — BEVERINI, VI. — *Chronica Sanese di Andrea Dei*, p. 66.
2. BEVERINI, VI.

chevaux et douze cents arbalétriers[1] ; il en avait juste à peu près le même nombre, en tout, malgré les secours obtenus des comtes de Santa Fiora, des seigneurs gibelins de la Marenne et de la Romagne ainsi que de l'évêque d'Arezzo[2]. Il revient alors en toute hâte vers le val de Niévole avant qu'on ait pu lui en fermer le chemin et s'arrête à Vivinaio pour y attendre les événements tout en observant ses ennemis. C'est là qu'il apprend, le 1er août, l'excommunication lancée contre lui par le pape Jean XXII[3] ; cela lui fut d'ailleurs assez indifférent, étant donné que cette excommunication n'était guère dangereuse et qu'il n'avait ni le temps ni l'envie d'y réfléchir. Deux jours après, Ramon de Cardona venait mettre le siège autour d'Altopascio qui s'élevait sur un monticule au milieu des marais, à l'extrémité supérieure du lac de Bientina, place forte réputée parmi les meilleures du temps et que Castruccio avait approvisionnée pour deux ans, confiant la défense de ses épaisses murailles à une garnison de 500 hommes ; secourir les assiégés lui parut donc inutile, et il resta sur ses positions du Ceruglio, assez satisfait d'autre part que l'ennemi se fût détourné de sa marche première en risquant de s'épuiser ailleurs ; il pouvait attendre pendant ce temps les renforts demandés à Galeazzo Visconti, renforts d'autant plus utiles que la maladie décimait ses troupes, la saison étant favorable aux fièvres marécageuses ; il aurait risqué de tout perdre en livrant une bataille en ce moment, et, au cas où Altopascio succomberait, il jugeait cette éventualité préférable à la nécessité d'une bataille immédiate vers laquelle une tactique mieux entendue que celle du Cardona aurait pu l'amener ; le seul danger réel consistait en ce que la prise d'Altopascio laissait la route libre vers Lucques ; et le difficile était justement de ne pas secourir le château, une telle façon d'agir devant irriter naturellement ses défenseurs et influer d'une façon fâcheuse sur le moral de l'armée même. — Afin d'y remédier, il risqua quelques escarmouches qui ne donnèrent le change à personne et lui valurent de la part des siens toutes sortes de railleries entremêlées de paroles désagréables[4] ;

1. Toutes les villes guelfes en avaient envoyé : ces villes étaient : Pérouse, Sienne, Bologne, Camerino, Grosseto, Agobbio, Montepulciano, Colle San Gemignano, San Miniato, Volterre, Imola et Faënza.
2. MANETTI, II. — BEVERINI, VI. — VILLANI, IX.
3. AMMIRATO, VI.
4. VILLANI, IX. — M. DI COPPO, VI. — MAZZAROSA, I.

ses troupes lui en voulaient de ne pas les employer ; elles jugeaient
que sans doute il agissait de la sorte à cause de leur situation dangereuse ; et au bout d'un mois la nouvelle que le château venait
d'être pris, le 25 avril, les aigrit encore ; dans l'intervalle elles
avaient éprouvé un léger échec à la petite affaire de Carmignano [1].
L'assurance de Ramon de Cardona en augmenta au contraire et lui
nuisit en ce sens qu'il crut la campagne plus facile qu'elle ne l'était ;
l'immobilité de son adversaire rendait ses premiers avantages inutiles ou du moins sans résultat, et les résultats sont tout dans la
marche d'une action puisqu'ils sont le but de celle-ci et qu'ils
créent, tant que ce but n'est pas dépassé, les moyens de l'atteindre.
En tout cas il fallait agir de suite. Cette action nécessaire fut rempla-
cée par des discussions ; encore une fois, selon leur coutume obsti-
née, les Florentins donnaient leur avis au lieu de courir aux armes
et personne bien entendu ne trouvait bon que son opinion personnelle
ne prévalût ; les fièvres marécageuses transformèrent une partie du
camp en hôpital ; plusieurs cavaliers, ennuyés de toutes ces lenteurs,
avaient fait accepter de l'argent à leurs chefs pour en obtenir un congé,
et Ramon acceptant également ces nouveaux profits, l'armée se désor-
ganisa vite. Castruccio agissait d'une façon bien différente : désireux surtout de renfort, il promit à Galeazzo Visconti de lui payer
dix mille florins s'il en était aidé, et celui-ci envoya son fils Azzo à la
tête de mille cavaliers. Bertrand du Poiet [2], légat de Parme, neveu
ou fils de pape (avec les papes on n'était jamais sûr), aurait pu l'arrêter, occupant le Parmesan avec des forces supérieures, mais son
inaction permit à Azzo de gagner Lucques. Pendant ce temps, Cardona avait été repoussé, le 11 septembre, par Castruccio ; et ce petit
incident qui n'était rien par lui-même, la lutte ayant été rapide et
peu sérieuse, avait abattu le courage des Florentins. Quand ils
apprirent la venue d'Azzo, ils craignirent les nouveaux renforts
possibles et décidèrent de frapper un grand coup ; ils espéraient
même que leur attaque précéderait l'arrivée du Visconti. Castruccio devina cette espérance et pour qu'elle ne se réalisât point, la
sienne lui étant contraire, s'efforça de la maintenir. Il entre-
prit des négociations avec des habitants du val de Niévole, déjà

1. BEVERINI, VI.
2. PÉTRARQUE, *Famil.* XIII, 6. — VILLANI, IX,

dévoués un peu à sa cause, et dont il compléta le dévouement, afin d'en être plus sûr, par un sac de florins ; il leur dit ensuite d'aller dans le camp ennemi proclamer une haine farouche contre Lucques et de proposer au chef devant lequel ils auraient soin de se faire conduire de lui livrer les forteresses qui défendaient le val ; de la sorte, le Cardona ne voudrait pas laisser passer le bénéfice de cette trahison et le temps qu'il perdrait à des entreprises sans importance permettrait à Castruccio d'être rejoint par le fils Visconti. Le stratagème réussit à merveille et les cavaliers milanais firent leur entrée à Lucques, le 22 septembre. La nouvelle s'en répandit vite, les Florentins constatèrent qu'ils s'étaient laissés jouer une fois de plus ; l'action qu'ils avaient voulu rapide devenait si tardive qu'ils la jugèrent trop dangereuse pour la tenter et se retranchèrent à Altopascio [1].

Castruccio n'était pas encore au bout de ses peines. Une fois à Lucques, Azzo ne voulut plus en sortir et réclama, afin de payer ses hommes, l'argent promis. Averti de cela, furieux, et se jurant bien de tirer vengeance du jeune homme quand il en serait temps, Castruccio courut à Lucques. Ce retard menaçait de tout perdre. Une fois devant la nonchalance de son allié, il commença par le complimenter de mille manières, ne parut pas étonné de sa demande d'argent, le pria de ne pas exiger plus de 6.000 florins pour le moment et lui expliqua la situation d'une façon tour à tour franche et sournoise, puis il alla trouver les siens. Là, l'anecdote devient assez scabreuse quoique encore plus fréquente sans doute, même aujourd'hui, qu'on aimerait à le penser. Castruccio qui ne connaissait pas d'obstacle à sa volonté et chez qui la flamme ambitieuse dévorait dans sa montée pétillante les scrupules les plus motivés, conseilla, sans préciser toutefois, à sa femme d'être très aimable avec leur hôte, et, après lui avoir fait comprendre qu'il ne remarquerait rien, lui annonça qu'il partirait rejoindre l'armée sans faute dans la nuit ; il la pria de donner une fête le soir même, où elle inviterait ses amies les plus avenantes et lui recommanda de les engager dans la voie vers laquelle il venait lui même de la conduire. Ayant ainsi préparé le terrain, il comptait pour que la graine y germât, sur le tempérament bien connu du jeune Milanais et sur la réputation de

1. R. I. S., XIX.

galanterie dont sa belle mine était drapée ; et il revint vite au camp, inquiet de savoir si l'ennemi n'avait pas bougé. Il n'en était rien heureusement, et le destin l'avait même favorisé pendant sa courte absence au point de persuader le Cardona que la venue des Lombards était une fable répandue dans le but de l'éloigner ; mais au bout de quelque temps, il fut bien forcé de reconnaître la vérité et qu'il était trop tard. Les historiens lui ont reproché en cette occasion de ne s'être pas retiré à Gallieno ou de n'avoir pas passé la Gusciana ; Manetti l'accuse d'avoir été « locorum ignarus » et il y a quelque véracité probable dans cette accusation. En tout cas, la bataille devenait fatale.

Le lundi 23 décembre, Castruccio remarqua un grand mouvement dans l'armée ennemie et la vit bientôt défiler devant lui en bon ordre ; le son de ses trompes montait vers le ciel d'une manière qui paraissait triomphale ; elle s'étendit vers la colline qui commandait la route de Gallieno. Castruccio aurait aimé attendre encore, le Visconti n'étant toujours pas là ; du haut des montagnes, il regardait l'horizon du côté de Lucques sans rien y apercevoir ; j'imagine qu'à ce moment-là, malgré l'admiration qu'en profond politique il avait pour les ruses des femmes, Castruccio dut les envoyer à tous les diables et en vouloir à la sienne ; il avait aussi à penser que ces dames s'étaient peut-être montrées trop complaisantes et seulement pour le plaisir, oubliant qu'elles devaient agir de la sorte dans un but déterminé. Mais bientôt, à l'endroit où l'infini déroulement de la route grise se perdait sur l'azur, il aperçut un petit point nuageux ; et aussitôt il courut à la rencontre de son allié. Le capitaine florentin, placé trop bas pour voir ce qui se passait derrière les montagnes, crut alors à la fuite de son adversaire et fit donner l'attaque malgré qu'il n'ait encore avec lui que la moitié de son monde. Il était à ce moment neuf heures et demie du matin.

Ayant rejoint Azzo Visconti, Castruccio s'en revint sur ses pas au plus vite en précédant son infanterie qui devait le retrouver à Vivinaja et descendit vers la plaine au galop de toute sa cavalerie. Les deux armées avaient adopté l'ordre de bataille habituel aux anciennes milices et qui consistait, comme nous l'avons vu déjà, à se diviser en trois parties. Les 150 *feditori* français et italiens au service de Florence se précipitèrent furieusement à la rencontre d'Azzo Visconti auquel Castruccio avait remis le commandement

de l'avant-garde afin de dominer l'action; leur élan fut tel qu'ils
traversèrent la cavalerie et parvinrent jusqu'à la seconde ligne;
mais celle-ci tint ferme et permit aux Lombards de faire un
violent effort et de harceler sur leurs flancs ceux qui venaient
d'obtenir l'avantage; ils prirent même si bien leur revanche qu'ils
ramenèrent les assaillants en arrière, et rompirent leur ordre de
bataille au point qu'ils durent se replier sur leur seconde ligne.
Celle-ci, bouleversée par ce retour auquel elle ne s'attendait point,
gênée dans son mouvement par les fuyards, perdit toute cohésion,
hésita, puis, l'ennemi continuant à avancer, ne sachant que faire,
prit le parti de céder le terrain et de battre en retraite; elle était
commandée par un maréchal du nom de Bromio qui fut accusé
ensuite d'avoir trahi, tant son mouvement parut inexplicable; pour
être un peu rapide, il se comprend toutefois, étant donnée la confusion générale; la fuite ne s'arrêta qu'à Pozzevero. Restait la troisième ligne, la meilleure, comprenant le gros des troupes et que
Ramon commandait en personne; mais elle avait perdu toute assurance et la possibilité de vaincre, ainsi découverte brusquement,
au milieu de la campagne; Ramon ne savait quel parti prendre.
Toutefois les fantassins, plus braves que leur chef, firent bonne con-
tenance et, formés en carré, répondirent le plus longtemps possible
aux attaques de l'ennemi; ils ne pouvaient comme les gens à cheval
trouver un salut dans la fuite et savaient que l'espoir en la clémence
du vainqueur demeurait problématique; mais leur chef se retirant
bientôt et les laissant entourés de toutes parts, ils s'enfuirent à leur
tour en essayant de trouer la masse qui les cernait pour atteindre le
pont de Cappiano et s'abriter derrière la rivière. Malheureusement
pour eux, Castruccio avait prévu ce dernier mouvement et avait
fait couper le pont tandis qu'ils se défendaient encore. Les infortu-
nés se mirent à courir follement dans toutes les directions, saisis
devant la mort prochaine par le désir d'y échapper; toutes les
issues étant barrées, ils durent cependant venir se constituer bientôt prisonniers en implorant une clémence à laquelle ils ne
croyaient guère. La victoire était complète; outre 397 prisonniers [1],
citoyens de la ville même et dont 37 des meilleures familles, sans
y compter Ramon de Cardona, son fils et un chevalier du comté de

1. BORGHINI, *Deliciæ eruditorum*, XIII.

Bar, Pierre de Nancy [1], qui avait pris part à la lutte simplement
parce qu'il se trouvait de passage à Florence, les bagages, le fameux
Caroccio, la bannière royale et presque tous les autres drapeaux
étaient aux mains du tyran lucquois. — Quoique fier de son succès,
il évita l'écueil de s'en contenter et, le repos indispensable une fois
pris, il continua son action par la conquête des châteaux de
Montefalcone, d'Altopascio et de Cappiano qu'on lui avait enlevés
précédemment; le premier et le troisième furent détruits. Il con-
sentit au rachat des prisonniers parce que cela lui rapportait
100.000 florins d'or [2]. Il écrivit à Louis de Bavière une longue lettre
où il nomma tous les capitaines dont il s'était emparé au nombre
de vingt et un; il y racontait aussi son rôle, ne manquant pas de
faire valoir ses services et assurait de tout son dévouement. Le
prince ne pouvait que l'accepter et promettre en retour son aide à
quelqu'un d'aussi continuellement victorieux. Il est à remarquer, en
effet, que Castruccio Castracani des Interminelli ne fut jamais battu.

Il continue ensuite sa marche en avant. Après avoir joint à ses
troupes les milices de Pistoïe commandées par ce Tedici auquel il
avait marié sa fille, il s'empare de Carmignano le 12 octobre; il apparaît ensuite sur les hauteurs qui dominent Signa et Peretolla, à deux
milles de Florence; il est ainsi comme à cheval sur l'Arno, et, de
cet excellent observatoire, il ravage selon sa coutume tout le pays
environnant; ce pays étant très riche et peuplé d'agréables demeures,
ses troupes y trouvent tout en abondance et s'en montrent enchan-
tées, de plus en plus dévouées à leur maître; il fait enlever quant à
lui les statues et les tableaux qu'il juge à son goût afin d'en orner
son palais personnel et ses jardins [3]. Les Florentins, du haut de
leurs murailles, des larmes aux yeux, distinguent de longs con-
vois aux chariots chargés qui disparaissent à l'horizon tandis que
leurs résidences d'été sont la proie des flammes; ils voient également bientôt les villages se soumettre un à un dans l'espoir qu'il
leur serait fait grâce, et Monte san Savino, entr'autres, remettre
son sort entre les mains de l'évêque d'Arezzo. Afin d'insulter encore
à cette défaite, Castruccio envoyait des arbalétriers non loin des

1. M. de Coppo, VI. — Mazzarosa, X.
2. *Ist. pistol. anon.*, t. XI. — *Chronica Sanese*, XV. — Villani, IX. — L. Aretino,
V. — Beverini, VI. — Manetti, II.
3. Beverini, VI.

murs; et ceux-ci, une fois qu'ils s'étaient suffisamment abrités, tiraient des journées entières dans la ville, soit au hasard, soit en visant les têtes apparues entre les créneaux; il se servait aussi d'un genre d'injure particulier à l'époque lorsqu'on tenait une ville bloquée, et qui s'appelait le *patio*; cela servait aussi de provocation; Sismondi la décrit de la façon suivante [1] : « Un espace d'un mille de longueur, sur la route de Pérétola à Florence, avait été destiné de tout temps par les Florentins aux courses de chevaux. Une corde est tendue au travers du *pont des signaux* [2]; et derrière elle des chevaux barbes, ornés de rubans et de fleurs, attendent en frémissant d'impatience que cette corde en tombant leur ouvre la carrière : alors ils s'élancent seuls et sans conducteurs dans l'arène, et ils la parcourent avec une émulation, une passion pour la gloire, qu'on aurait cru réservées aux hommes. C'est dans ce même lieu que Castruccio, le jour de Saint-François, fit disputer trois fois le prix de la course, d'abord à des cavaliers, ensuite à des fantassins, et, enfin, pour insulter davantage encore aux vaincus, à des courtisanes. Il montrait ainsi que les êtres les plus faibles et les plus méprisés de son armée [3] pouvaient, sans danger, braver ses ennemis. Quoique les Florentins eussent dans leurs murs des forces supérieures à celles de Castruccio, ils étaient tellement découragés par leur défaite qu'ils n'osèrent jamais sortir de leurs portes ou essayer de troubler la fête. » Castruccio voulait aussi s'emparer de Fiésole afin de fortifier toute la colline et de s'en faire une importante position avancée; mais, cette fois, les Florentins sortirent de leur inaction, et il n'insista pas, jugeant la guerre inutile et dangereuse en ce moment, étant donnée la rage évidente de Florence. Il avait cependant une fois tenté de s'en emparer lors d'une révolte des gibelins au sujet de laquelle on ne sait rien de sûr, mais qu'il y avait fomentée sans doute; l'affaire n'avait pas tourné assez violemment pour procurer des conséquences, et il avait été contraint d'y renoncer; il est probable par exemple qu'il dut souvent, du haut de ses montagnes, couvrir la ville du lys d'un long regard avec le regret de ne

1. T. 3.

2. *Il ponte alla mosse*, à un mille en dehors de la porte qui conduit à Prato (note de Sismondi).

3. Il est curieux de remarquer que Castruccio met les courtisanes au nombre des gens de son armée.

pouvoir ouvrir d'immenses ailes pour l'emporter dans ses serres comme la plus belle de toutes les proies.

Après la victoire et l'encaissement de 25.000 florins destinés à la solde de ses troupes, Azzo Visconti était retourné à Lucques. Castruccio fortifia solidement Signa et y revint à son tour. Pour son entrée qu'il voulait triomphale, il choisit le jour de la fête de saint Martin, patron de la cathédrale lucquoise, désireux de donner à ses succès une sorte de consécration divine et sachant trop combien de pareilles choses influent sur l'imagination vulgaire. Le *Caroccio* fut mis en tête du cortège, attelé par des bœufs splendides couverts de branches d'olivier et de tapis où se détachaient le lys florentin ; les armoiries étaient renversées, et la *Martinella* destinée à annoncer les succès de la ville des fleurs en sonnait la défaite. Derrière le char, un cierge allumé à la main et presque nus, suivaient les principaux prisonniers, ayant à leur tête Ramon de Cardona ; la liberté qu'ils avaient rachetée ne devait leur être rendue qu'après cette humiliation. Tout le peuple était aux fenêtres et le long des rues pour voir passer le cortège et applaudir le tyran. Il venait derrière ses troupes, entouré de ses capitaines, la satisfaction au cœur et l'indifférence sur le visage. Il éprouvait une ivresse froide et lucide ; car si l'orgueil ne rend pas heureux, du moins il dispense un sentiment de fierté infinie qui, pour les âmes ambitieuses et ardentes, demeure souvent préférable à toute autre joie.

*
* *

Au nombre des qualités maîtresses de Castruccio, il faut compter l'opiniâtreté ; tout le temps, il en fournit un admirable exemple ; il ne se lasse jamais devant le but qu'il s'est fixé ; il le veut à tout prix ; il n'a pas de cesse qu'il ne l'ait atteint ; il semble assouplir les circonstances quand elles sont contraires, les commander lorsque la partie est égale, les décupler si elles le favorisent. Bien plus que Fouquet il aurait pu dire : « *Quo non ascendam?* » Le célèbre ministre n'avait en vue que l'argent : lui, au fur et à mesure que le champ de ses opérations s'élargit, réclame davantage ; reste à savoir s'il eût joué un rôle aussi glorieux au cas où l'Italie elle-même, face à face avec les autres puissances européennes, se serait substituée aux petites rivalités des villes florentines ; certains historiens ne le pensent pas ; Machiavel en est persuadé : « Dans tout le cours de sa vie, il ne parut inférieur ni à Philippe de Macédoine, père d'Alexandre le Grand, ni à Scipion l'Africain, et il mourut au même âge qu'eux : on ne doit point douter qu'il les eût surpassés l'un et l'autre si, au lieu d'être à Lucques, il eût eu pour patrie Rome et la Macédoine. » Cela peut sembler exagéré au premier abord, mais, après réflexion, on finit volontiers par partager ce jugement jusqu'à un certain point ; si souvent, dans l'histoire, de grands hommes doués de vraies qualités apparaissent au second plan et jouent un rôle effacé simplement parce que le destin ne leur a pas fourni l'espace et les circonstances nécessaires !

Castruccio se remet en campagne le 18 novembre, gagne Signa et recommence ses ravages. Et ce perpétuel pillage offre quelque chose qu'on qualifierait vite de monstrueux avec plaisir ; mais il ne faut pas oublier que toute une grande armée est à sa charge et que les mercenaires combattent et demeurent fidèles à condition d'être payés et d'augmenter ensuite leur paye par du butin ; laisser inoccupés de tels hommes à Lucques ou même dans les alentours serait faire dévier sur ses propres sujets les instincts de vol et de meurtre qu'ils portent partout au cœur avec eux ; il agit donc sagement à son point de vue, ainsi qu'à celui des siens et de la politique alors en cours, et il se montrerait un niais d'envisager les choses sous des angles plus ou moins sentimentaux puisque ses ennemis seraient et sont les premiers à ne pas le faire ; l'idéalisme ou la générosité n'ont rien à voir en cette circonstance et demeurent en dehors de la question : nos façons de voir et de sentir, nos scrupules, nos préjugés, — toute notre faiblesse peut-être ! — sont impossibles aux gens du xiiie siècle, étant données les conditions vitales où, bon gré, mal gré, ils se développent : leur existence n'a presque rien de commun avec la nôtre ; il y a donc une véritable sottise à les regarder et à les juger en conservant notre âme de maintenant, de même qu'il serait impossible de vouloir ramener ce passé dans notre présent ; là, comme en tout, on doit faire la part des choses, et, la somme des réflexions une fois classée et discutée, comprendre.

A la suite d'un de ces pillages, les Florentins firent reculer les troupes lucquoises jusqu'à Settino [1] ; malgré cela, leur situation continuait à demeurer fort critique. Ils vivaient dans des transes

1. Villani, IX.

continuelles et cherchaient vainement des secours au dehors ; ils n'étaient même pas sûrs entre eux les uns des autres, se sachant fort capables de trahison ; rien n'allait, et, selon une expression connue, ils avaient le ver dans le bois ; le roi Robert, de plus, ne leur avait envoyé que trois cents cavaliers. Comme cela ne pouvait durer de la sorte sans qu'un véritable danger de périr ne s'ensuivît, de deux maux, selon le conseil du dicton, ils choisirent le moindre, et livrèrent la seigneurie au fils aîné de Robert, duc de Calabre, au prix d'une convention désavantageuse[1] ; il était encore bien beau que, dans une situation aussi difficile que la leur, ils aient pu proposer des conditions et les discuter au lieu de simplement accepter celles qui leur étaient offertes. En attendant l'arrivée du duc de Calabre, ils nommèrent capitaine provisoire le chevalier français fait prisonnier à Altopascio et qui s'était racheté avec tant d'autres, Pierre de Nancy : afin de se faire élire, celui-ci avait raconté qu'il s'était créé des alliances lors de sa captivité avec des mercenaires bourguignons au service de Lucques. Cependant Castruccio, qui entretenait un service d'espionnage très actif, fut renseigné et licencia de suite les Bourguignons après en avoir désigné neuf comme plus particulièrement coupables, auxquels il fit trancher la tête pour que cela servît d'exemple ; il faisait en même temps savoir à Pierre de Nancy que pareil sort lui était réservé. Celui-ci répondit à ses menaces en se mettant à la tête des troupes et en tenant la campagne à son tour. Castruccio, pour ne pas épuiser ses hommes en des escarmouches inutiles qui les diminueraient sans qu'un profit en résultât, brûla le 28 février le poste de Signa où il se trouvait trop exposé, détruisit les ponts de l'Arno et se retrancha dans Carmignano. Il regretta par exemple d'agir ainsi, car il avait conçu un dessein gigantesque et merveilleux qui montre que rien ne paraissait impossible à cet insatiable et génial aventurier : il voulait noyer Florence ; et le plus extraordinaire est qu'il y eût réussi peut-être sans une faute des ingénieurs qui calculèrent mal la pente de Florence à Signa, la croyant de cinquante brasses alors qu'elle en a seulement quarante-six[2] ; le plan consistait à substituer dans le lit du fleuve un mur à la montagne rongée par les eaux qui s'y livraient ainsi passage ; la légende voulait que ce travail du courant qui remontait

---

1. PROVVISIONI, XXII. — VILLANI, IX. — AMMIRATO, XI.
2. E. RECLUS, *Nouvelle géographie universelle*, I, 104. — y voir la carte du défilé.

sans doute aux premières périodes du globe fût l'œuvre de l'Hercule égyptien[1]. — Le 14 mai, mécontent de voir diminuer l'enthousiasme de ses troupes et leur confiance, Pierre de Nancy, à la tête de deux cents cavaliers et de cinq cents fantassins, passe l'Ombrone, sort vainqueur d'une embuscade, puis tombe dans une autre où il est fait prisonnier. Et la sentence portée contre lui reçoit son exécution quelques jours après, à Pistoie.

Les Florentins étaient d'autant plus consternés que le duc de Calabre ne venait pas encore et envoyait à sa place, pour faire patienter jusqu'à sa venue, un autre Français, Gaultier de Brienne, duc d'Athènes ; quatre cents cavaliers le suivaient et, dès son arrivée, il se mit à commander en maître. Charles de Calabre arrivait ensuite le 30 juillet, accompagné de sa femme, fille de Charles de Valois et mère du roi de France. Les Florentins pouvaient reprendre d'autant plus confiance que Castruccio tombait malade.

Il souffrait atrocement des jambes ; son biographe ne nomme pas exactement la maladie ; il dit seulement que le cas était grave et qu'il était en danger de mort : on peut penser qu'il s'agissait d'une phlébite. Le mal venait ainsi stupidement menacer de détruire, en un seul coup, l'édifice si patiemment et si difficilement élevé ; mais il n'est pas étonnant qu'il ait atteint Castruccio : habitué à se surmener sans cesse et à vaincre les douleurs physiques comme des quantités négligeables tant que son effort lui permettait de les dominer, il avait tenu bon jusqu'au bout, s'illusionnant lui-même sur l'empiètement de la maladie qui se vengeait de cette résistance en immobilisant sa robuste charpente. Si, à ce moment, les Florentins avaient recommencé la guerre avec toutes leurs forces réunies, ils auraient eu bien des chances de réussir[2] ; mais ils s'étaient livrés à une domination étrangère plus attentive à elle-même qu'à la ville dont elle devait sauvegarder les intérêts ; le duc d'Athènes, auquel l'ennemi était indifférent, profitait de la tranquillité générale pour obtenir le plus d'argent possible. Au contraire, Castruccio, ayant tout à redouter, continuait le combat sur le seul terrain où il fût à même maintenant de le poursuivre, celui de la ruse. Il fit des propositions officielles, en avançant qu'il désirait une conciliation, et

---

1. VILLANI, IX. — INGHIRAMI, II. — TARGIONI ; TOZETTI, *Relazione di viaggi*, l. I.
2. VILLANI, X. — AMMIRATO, VI.

de secrètes à Gaultier de Brienne, en lui offrant son aide pour conquérir Florence. Cependant le bruit de cette double entente transpira au dehors et contraignit l'aventurier français à rompre ouvertement avec son confrère lucquois, en faisant publier sur la place de Santa Croce toute une suite d'actes de procédure assez ridicules qui déclaraient Castruccio Castracani des Interminelli excommunié, fauteur d'hérésie, persécuteur de l'Église et schismatique, et décrétaient en outre frappé de la colère divine quiconque lui prêterait assistance. Castruccio, déjà maudit plusieurs fois, ne prêta pas plus d'attention à ces menaces qu'aux précédentes ; et sa maladie elle-même s'en raillait, car, bientôt, presque remis, il s'établissait dans la montagne avec ses troupes afin d'arrêter le duc qui s'était décidé, le croyant encore atteint, à entrer en campagne. Il en était temps en effet maintenant que Castruccio se trouvait là. Craignant quelque défaite, il s'abstint d'abord de combattre, et comme il était forcé cependant de faire quelque chose, il envoya trois cents cavaliers et quelque infanterie au secours des châteaux assiégés par le Lucquois ; malheureusement l'infanterie recula devant les neiges précoces cette année-là, car on était au mois d'octobre. Bientôt après ce fut la débandade générale et la campagne prit fin. Castruccio en profita pour se tourner vivement contre Spinetta qui, sur l'instigation du duc, était revenu de Vérone dans son marquisat de la Lunigiane ; et le simple effet d'une menace suffit à l'y faire retourner : Castruccio lui avait annoncé qu'il l'écorcherait vif [1].

Ce petit événement effraya les cités environnantes et fit perdre au duc de Calabre d'un seul coup toute sa popularité. Pour se maintenir au pouvoir, il avait cependant toute une série de moyens, outre ceux d'argent et de flatterie employés communément ; il permettait par exemple aux femmes de porter des tresses postiches dans une période où elles auraient dû se mettre en deuil. Il se maintenait surtout en menaçant les Florentins de son départ dès que ceux-ci murmuraient un peu trop haut ce qu'ils se contentaient de penser le reste du temps un peu trop bas.

A ce moment, une sorte de Parlement fut tenu à Trente par les seigneurs gibelins. Il y avait là Cane grande della Scala, podestat de Vérone, Obizo, marquis d'Este, Passerino Bonacossi, seigneur

1. Villani, X,

de Mantoue, Azzo et Marco Visconti de Milan, Guido Tarlati et d'autres. Castruccio se contenta d'y envoyer des ambassadeurs afin de ne pas quitter ce territoire lucquois dont il était l'âme même et la force. Louis de Bavière s'était rendu au concile laïque, entouré de scolastiques illustres comme son médecin Marsilio de Padoue et son conseiller Jean de Joudun. Il profita de ce que le pape était détesté dans toute l'Italie : il déclara que « le prêtre Jean » était hérétique et l'enfant maudit de la Sainte Église ; puis il s'engagea solennellement à venir à Rome y prendre la couronne impériale sans retourner en Allemagne[1] ; les gibelins lui promettaient en retour, dès son arrivée à Milan, la remise de cinquante mille florins pour le défrayer de son armement[2]. Vers le milieu de février, il quitta Trente avec à peine six cents chevaux[3] ; dès qu'il fut sur le territoire italien, Cane della Scala, Passerino de Bonacossi et le marquis d'Este le rejoignirent ; à Milan, il proclamait pape un paysan, frère mineur franciscain, Pietro de Corvaria, qui lui mettait ensuite — échange de bons procédés — la couronne sur la tête ; la cérémonie fut, paraît-il, lugubre[4]. Les Florentins, pendant ce temps, envoyaient des lettres et des demandes de secours à tous leurs alliés ; ils expliquaient la marche des événements et accusaient surtout le Castruccio « damné hérétique, persécuteur public des fidèles »[5] ; ces demandes ne réussissaient d'ailleurs qu'à moitié : le seul secours véritable vint de Pise que ses déceptions avec Castruccio, Uguccione et Henri VII avaient aigrie au point de lui faire chasser hors de ses murs, les gibelins, les exilés florentins et les allemands[6]. Robert aida aussi de son côté en envoyant une flotte pour s'emparer d'Ostie et bloquer les bouches du Tibre.

La situation devenait menaçante pour Castruccio, malgré l'appui de Louis de Bavière. Partout ses ennemis agissaient simultanément ; le duc de Calabre dépensait des sommes considérables en

1. VILLANI, X.
2. AMMIRATO, VII. — *Albert. Mussatus Ludovicus bavar.* t. X. — *Ist. pistol. an.* p. 442. — *Cortusiorum historiæ*, III. — *Chronicon estense*, XV. — L. ARETINO, V. — GEORGII MERULÆ, *Hist. mediol.*, II. — SCHMITT, *Hist. des Allemands*, l. VIII. — *Olenschlager gesichte*, § 07.
3. AMMIRATO, VII.
4. VILLANI, X. — *Vita Joannis. XXII ex Amalrico* R. I. S, — *Chron. Veron.* R. I. S. VIII. — *Annal. mediol.* R. I. S. XVI,
5. *Sig. Cart. miss.* III.
6. VILLANI, X. — TRONCI, p. 317. — AMMIRATO, VII.

préparatifs et entretenait des intelligences dans Lucques ou la famille
des Quartigiani abritait des bannières, dont une papale, destinées à servir de ralliement au cas où l'émeute projetée réussirait :
son plan consistait à assiéger Pistoïe afin d'y faire venir le tyran,
justement désireux de la défendre, et de se jeter sur Lucques où
des affiliés conduiraient le peuple à l'assaut de l'Agosta après avoir
barré à ses troupes les passages de Fucecchio et du val d'Arno.
Malheureusement pour le Calabrais, les choses traînèrent en longueur, et un partisan des Quartigiani vint raconter l'affaire à Castruccio. Celui-ci s'empara des conjurés ; Guerricio Quartigiani et ses
trois fils furent pendus, les autres membres de la famille mutilés [1],
et le reste dut s'exiler [2]. La conduite des Quartigiani, étant donné
qu'ils avaient contribué puissamment aux débuts de la fortune cas-
traccienne, au premier abord, paraîtrait étrange, si de pareils revire-
ments ne se trouvaient pas à tant de pages de l'histoire et de la
vie. Le procès révéla que le complot était important. Et les précau-
tions furent prises pour éviter d'autres révoltes au cas probable où
il faudrait bientôt repartir en campagne [3]. Une partie de son espoir
était en Louis de Bavière, bien que celui-ci se révélât de jour en
jour plus maladroit, notamment avec Galeazzo Visconti, qui refusait
de le servir et s'en retournait de son côté. Bientôt il apprit qu'une
armée de mille deux cents cavaliers et de huit mille hommes de
pied, commandée par le comte Novello, s'avançait dans la direction
de Santa Maria a Monte. Comptant sur la défense de cette place,
une des plus fortes de la Toscane, bien approvisionnée de vins et aux
mains d'une garnison de cinq cents gibelins, il se fortifia à Vivinaja
pour y attendre les secours de l'empereur ; mais ce fut l'armée
ennemie qui reçut des renforts portant son effectif à quinze mille
hommes dont deux mille cinq cents cavaliers. Santa Maria a Monte
ne pouvait guère tenir contre des forces aussi supérieures ; elle se
défendit cependant de son mieux, et, ses deux premières enceintes
forcées, se barricada dans la *rocca*, où elle tint encore tête huit

---

1. VILLANI, X , « altri di loro fece propagginare. ». — Un savant florentin a avancé
que « propagginare » voulait dire enterrer la tête en bas et non mutiler. — Voir
Vocabolario della lingua italiane, FANFANI ; Florence, 1877.

2. INGHIRAMI, VII.

3. Sismondi dit que Castruccio ne poussa pas plus loin les recherches par peur de
trouver un trop grand nombre de coupables ; peut-être... mais cette supposition
semble bien douteuse étant donné son caractère.

jours et dout elle ouvrit les portes parce qu'elle était bien sûre maintenant qu'on ne viendrait pas à son secours. Castruccio ne le pouvait, immobilisé à Vivinaja, inquiet de l'action prochaine du comte Novello ; et le comte Novello ne bougeait pas, redoutant un piège également ; il avait appris que le Bavarois menaçait de surgir à l'improviste, et que les dix mille fantassins de Castruccio étaient en route pour rejoindre leur chef. Il hésita encore quelque temps, puis il passa le mont Albano et, après trois jours de siège, s'empara du fort château d'Artimio ; cette bataille fut, selon Villani [1], « la plus rude qu'on n'eût jamais livrée autour d'un château ». Castruccio ne bougea pas davantage, bien décidé à ne jouer qu'une partie suprême et préférant conserver pour cela toutes ses forces intactes ; bien lui en prenait, car il apprenait, le lendemain d'Artimio, que Louis de Bavière était à Pontremoli, et, quelques jours après, que Novello, à cette annonce, battait en retraite vers Florence [2].

Castruccio quitta Vivinaja un peu après le premier septembre pour aller au-devant du César germain. Il lui renouvela l'assurance de son dévouement et lui fit des présents magnifiques ; après quoi il le conduisit au château de Pietra Santa pour y conférer tout à leur aise et le dissuader de faire une entrée triomphale à Lucques comme il en manifestait l'intention ; le souvenir de la récente conjuration des Quartigiani l'engageait à considérer l'abstention comme une prudence nécessaire et, d'autre part, il ne tenait pas beaucoup à paraître dans ses États en second rang ; il persuada le César de son mieux et le dirigea vers Pise. C'était faire d'une pierre deux coups. Comptant s'emparer de Pise, il se servait de l'empereur pour mener à bien sa capture ; et, pour être difficile, la tâche ne lui semblait que plus tentante.

Les Pisans désiraient leur neutralité à tout prix au milieu des luttes déchaînées ; haïssant Florence, mais la redoutant, ils avaient fait proposer soixante mille florins d'or à l'Allemand pour qu'il se dirigeât vers Rome sans s'arrêter. L'offre était tentante, et Louis se montrait tout prêt à l'accepter avec empressement. Castruccio eut beaucoup de peine à l'en empêcher ; et, afin que nulle autre persuasion en dehors de la sienne ne prévalût, il fit empoigner par ses soldats les ambassadeurs pisans, les avertissant que si leur patrie

1. X.
2. VILLANI, X. — M. DE COPPO, VI. — AMMIRATO, VII.

avait la mauvaise idée de ne pas ouvrir ses portes, ils seraient décapités avec les chefs des principales familles : en réalité, il prévoyait une résistance et désirait surtout que l'entente fût impossible entre l'empereur et la ville. Tout se passa selon sa prévision ; dès le 6 septembre, le siège fut commencé ; les Allemands s'étaient postés sur la rive gauche de l'Arno et sur la route de Florence, les Lucquois sur la rive droite et la route de Lucques ; un pont de bois en amont et un pont de bateaux en aval leur permettraient de communiquer facilement. La communication des Pisans avec les Florentins était au contraire presque impossible ; ils avaient bien pu en recevoir de l'argent, des armes et des vivres, mais les secours véritables ne pouvaient leur parvenir ; c'eût été folie que d'essayer quelque diversion destinée à faire lever le siège, ou à permettre à des renforts de passer ; et, à la longue, l'impossibilité de toute solution avantageuse les contraignit à céder. Ils offraient soixante mille florins pour conserver leurs droits et leurs juridictions ; ils stipulaient qu'ils n'auraient à recevoir ni les exilés, ni les Lucquois ; et Louis de Bavière, qui accepta, bien entendu, pareille somme, y fit seul son entrée. Castruccio n'avait pas son compte dans le marché et, pour la première fois, se trouvait joué. Il n'hésita pas. Trois jours après la signature, le traité fut brûlé publiquement ; et, à la tête des exilés acquis à son entreprise, il pénétra dans la ville. Toutefois les exilés demeuraient inquiets de leur protecteur et connaissaient trop son ambition pour la supposer désintéressée ; il y eut même une violente dispute entre l'évêque d'Arezzo et le tyran qui voulait absolument faire trancher la tête, selon sa promesse, aux ambassadeurs ; l'évêque lui en voulait aussi d'avoir chassé Uguccione ainsi que tous les gibelins qui l'avaient aidé ; Castruccio, en réponse, l'accusait d'avoir rendue inutile la victoire d'Altopascio en ne marchant pas aussitôt après sur Florence ; et Louis de Bavière demeurait impuissant à les mettre d'accord. Pour compléter la dislocation, devant tant de querelles, pris de remords, et surtout très affaibli, un de leurs alliés, Guido Tarlati, faisait publiquement amende honorable de ses péchés et s'en allait mourir dans la Maremme, ce qui frappa beaucoup les imaginations [1] ; « ce fut tenu pour un grand fait en Toscane » dit Villani [2]. Afin d'en conjurer les

1. AMMIRATO, VII. — TRONCI, p. 318.
2. X.

déplorables effets, il s'arrangea de façon à laisser une demi-liberté à Pise, espérant de plus encourager ainsi les autres villes à venir lui rendre hommage. En même temps, il ne quittait pas Louis de Bavière, jaloux de son influence ; c'étaient des dîners et des fêtes, et les tributs de la victoire servaient à entretenir les troupes grassement ; c'étaient aussi des promenades à cheval que Castruccio prenait soin de diriger du côté de Pistoïe ou de Florence ; il levait alors la main vers l'horizon, évoquait les richesses accumulées dans la cité du lys rouge, remarquait comme elle se trouvait peu éloignée, insistait sur sa faiblesse, développait des plans militaires. Mais le César faisait la sourde oreille ; il pensait surtout à Rome et à la couronne impériale ; il voulait avant tout que son allié — qui le voulait justement aussi mais en renversant les rôles — fût le serviteur de ses projets ; et encore il faisait payer son alliance cinquante mille florins, en échange desquels il se contentait de lui donner le titre de duc héréditaire et quatre châteaux pisans dont Pietrasante et Serrezzana ; il lui permettait encore de « partir » ses armes de celles de Bavière. Il quitta Pise le 15 décembre, comptant que Castruccio l'accompagnerait ; mais il l'attendit jusqu'au 21 et ne fut rejoint que le 2 janvier 1328 à Viterbe [1]. Pendant ce temps, Castruccio avait mis de l'ordre et de la surveillance dans ses États où les agents du duc de Calabre intriguaient toujours dans l'espoir de préparer une révolte décisive.

Les deux compères firent leur entrée à Rome le 7 janvier. Castruccio y fut le conseiller perpétuel de l'empereur, et l'empereur véritable en quelque sorte ; il créa de toutes pièces la politique de celui-ci, peu familiarisé avec les gens et les choses. La situation — à l'instar de tant de situations — n'était pas commode. Les prêtres et les évêques qui n'avaient pas voulu se rallier à la cause gibeline — et c'était le plus grand nombre — avaient pris la fuite ; les citoyens se montraient défiants ; partout un sentiment de gêne accueillait les nouveaux venus auxquels l'excommunication conférait quelque chose de diabolique ; cela devint plus frappant encore quand on apprit que la cérémonie du couronnement serait célébrée par deux évêques également excommuniés ; sans Castruccio on se fût révolté ; lui seul avec sa petite troupe et surtout le prestige de

____

1. Villani, X.

sa renommée, sauvait la position en contraignant au respect par la force — ce qui est encore le moyen le plus sûr d'y contraindre quand il s'agit du peuple. L'empereur, pour le récompenser, ajoutait bientôt à ses titres celui de chevalier de Latran et de sénateur. Lors du couronnement, Castruccio porta l'épée impériale et en ceignit lui-même l'empereur au moment opportun ; il était habillé en cette occasion d'un habit de soie cramoisie où deux inscriptions en lettres d'or, sur sa poitrine et sur ses épaules, portaient qu'il attribuait sa grandeur à Dieu et remettait à ce même Dieu le soin de son avenir ; sur sa poitrine on lisait : *Egli è come Dio vuole*, et sur ses épaules : *E si sarà quello che Dio vorra* [1].

Il est, en effet, habile de montrer de la modestie devant le succès et de l'attribuer à des causes étrangères, indépendantes de nous-mêmes, à Dieu, par exemple, lorsque la religion est influente et générale. Justement, ce Dieu si protecteur ne paraissait pas prendre un soin bien attentif de l'avenir gibelin ; des événements menaçants se préparaient en Toscane, et l'inertie du César ne pouvait qu'en encourager l'approche. L'assurance de ces faits était d'autant plus dangereuse que rien jusque là ne pouvait les faire prévoir : Philippe de Sanguinède, vicaire du duc de Calabre, était parti le 27 janvier en expédition contre Pistoïe ; deux exilés lui avaient fourni l'évaluation des forces et des murs de la ville ainsi que tous les renseignements nécessaires, assurant l'escalade facile à cause du temps froid ; il avait alors emmené avec lui six cents mercenaires à Prato où d'autres troupes devaient le rejoindre ensuite et où il faisait construire les machines de guerre nécessaires à son entreprise ; le 28, il prenait Pistoïe de nuit ; son infanterie n'avait eu qu'à marcher jusqu'au pied des murs, l'eau des fossés étant gelée, et là elle avait pratiqué une brèche pour la cavalerie ; « c'était avant le jour », dit Fioraventi [2], et personne n'avait donné l'éveil ; quand l'alarme fut répandue, il était trop tard, et Philippe avait élevé des barricades dans la rue San Marco ; les habitants n'avaient point tenté de défense ; et les fils de Castruccio, après s'être réfugiés dans la *rocca* de Bellaspera, ne pouvant tenir tête à des forces trop nombreuses, s'étaient sauvés à Serravalle ; Pistoïe avait ensuite subi dix jours

1. Villani, X.
2. C. 19, p. 283.

de pillage [1]. Ces nouvelles parvinrent à Rome par voie de mer trois jours après. Elles inquiétèrent fort Castruccio et interrompirent une existence agréable ; il vivait en effet en maître et seigneur de la cour impériale, plus craint et plus obéi que le souverain. Sur le moment il reprocha cruellement au Bavarois d'être cause de tout et de l'avoir fait venir là [2] ; puis, dès le 7 février, il repartait avec sa cavalerie dans l'intention de se venger d'une façon exemplaire ; et ses cavaliers n'allant pas assez vite à son gré, il en garda seulement douze avec lui parmi les meilleurs ; le 9, il était à Pise. En proie à une grande colère, il ne ménagea rien ; ayant besoin d'argent, il s'appropria tous les revenus et mit de nouveaux impôts ; infatigable comme toujours, il essaya de prendre, sans y réussir, Montopoli, ravitailla Montemurlo et poussa jusqu'en vue de Pistoïe ; là, il se ravisa et, jugeant la réflexion nécessaire, revint à Lucques [3]. Il n'avait pas réparé les choses, mais n'avait perdu ni ses forces ni son temps. Il est assez surprenant de penser que les Florentins n'avaient même pas essayé de s'opposer à ce retour alors que cela leur eût été si facile.

Ici la lutte se complique et devient tout à fait curieuse.

La juste crainte des Florentins était que Castruccio Castraccani ne prît sa revanche. Il s'y préparait, en effet, réunissant à Lucques tout ce qu'il pouvait se procurer de troupes en dehors de celles qu'il y entretenait déjà. Il avait obtenu la liberté de Galeazzo Visconti. Il tenait tête aux Siennois qui s'étaient portés dans la Maremme contre Montemassi, et, sur la Gusciana, il avait établi toute une ligne solide de troupes [4] ; il avait à leur égard une brève réponse : comme ceux-ci le priaient de ne pas leur faire la guerre, il leur avait envoyé une grande feuille de papier où il y avait simplement ces trois mots : « *Levale via chello* », c'est-à-dire : Otez cela, ôtez ces machines de guerre, déblayez la route. Il ne perdait pas de vue Pise au milieu de ses occupations et comptait bien en devenir seigneur malgré que cela risquât de le brouiller avec son allié ; et comme un prétexte était préférable, il en choisit un qui lui éviterait en même temps de s'aliéner l'empereur : des machinations dangereuses contre

1. Fioravanti.
2. Ammirato, VIII. — Villani, X.
3. Ammirato, VII. — Villani, X.
4. Ammirato, VII. — Villani, X.

la personne impériale. Les Pisans lui répondirent par les mêmes armes et firent savoir au Bavarois qu'ils se reconnaissaient ses sujets loyaux. La chose se compliqua encore de ce que Louis ne pouvait accepter cet hommage malgré qu'il en eût envie, craignant de mécontenter Castruccio dont l'alliance constituait sa seule sauvegarde véritable ; toutefois, comme il était maladroit et croyait pouvoir concilier l'impossible, il accepta la seigneurie au nom de sa femme entre les mains de laquelle il la transmit ; il croyait faire là quelque chose de très fort — ce qui prouve que les sots auraient plus de chance en se servant de leur sottise qu'en machinant des roueries dont ils ne sont pas assez intelligents pour démêler et tenir les ficelles. Castruccio, quant à lui, n'eut garde de paraître fâché le moins du monde, bien qu'il le fût au plus haut point : il reçut avec une humble déférence le vicaire de l'Impératrice, le comte d'Œttnigen, et déclara même se trouver ravi de voir une cité qui était sienne en possession d'une aussi charmante et respectée souveraine ; puis, deux jours après, à la tête de ses troupes, « il courait la ville », selon le langage du temps [1] ; avant l'entreprise elle-même, afin de débarrasser les avenues et de maintenir déjà une certaine soumission, il avait envoyé mille cavaliers et de l'infanterie ; le 29, il se faisait élire seigneur libre de Pise pour deux ans [2]. La chose une fois faite, il rappela auprès de lui le vicaire de l'Empereur, Busone d'Agobbio, et, après lui avoir fermé la bouche, dit Ammirato [3], avec une chaîne d'or, il le renvoya vers son maître. Le Bavarois éprouva un profond ressentiment contre son allié ; quant à Castruccio, il ne s'en inquiétait pas, pour le moment, et, avec son ardeur coutumière, poursuivait ses projets : maintenant qu'il avait Pise il voulait Pistoïe.

Le 13 mai, il envoya contre elle mille cavaliers que suivit bientôt une partie du peuple pisan avec son *caroccio* « la plupart contre leur volonté [4] » ; il les rejoignit avec le reste de ses troupes le 30 du même mois. Il acheva le blocus commencé, fit élever des retranchements et creuser des fossés, de manière à repousser les sorties et dans l'espoir de les prévenir. Il se montra d'une grande cruauté

1. VILLANI, X. — AMMIRATO, VII. — TRONCI, p. 322.
2. VILLANI, X.
3. VII.
4. VILLANI.

envers les prisonniers, mais cela vint du traitement que les assiégés
faisaient subir aux assiégeants s'ils avaient le malheur de tomber
entre leurs mains : ils les écartelaient d'abord, les pendaient
ensuite, coupaient leurs bras et leurs jambes, et les jetaient ainsi
dépecés par dessus le rempart [1]. Castruccio, plus adroit et plus raf-
finé, leur faisait simplement couper le nez et les mains et crever les
yeux, après quoi il les faisait reconduire aux portes de la ville
assiégée, afin de n'y pas diminuer le nombre des bouches inutiles.
Les habitants de Pistoïe n'en faisaient pas moins durer les choses,
comptant sur les secours demandés à Florence ; mais Florence en
implorait partout, de son côté, sans en recevoir ; ses alliés les plus
fidèles se dérobaient, Castruccio ayant si bien réussi à inspirer la
terreur que personne ne voulait plus avoir à combattre contre lui ;
à des sollicitations particulièrement pressées, le légat de Lombardie
lui-même répondait carrément non ; la seule réplique était de faire
excommunier par le pape quiconque ne prendrait pas les armes
contre Lucques et de faire accorder des indulgences à tous ceux qui
se montreraient bons citoyens pendant un an. A la longue, Florence
parvint cependant à réunir une armée dans Prato commandée par le
Sanguinède, chargé d'attendre l'occasion propice ; quelques Guelfes
s'y joignirent, venus des pays environnants, montant l'effectif des
cavaliers à deux mille six cents ; les *pedoni* étaient innombrables, au
nombre de trente mille si l'on en croit Beverini [2]. Le 19 juillet, le
Sanguinède campait à Campanelle, en face de Castruccio. — Celui-ci
n'avait pas avancé beaucoup le siège de Pistoïe. Quand il sut les
dispositions prises à Florence, il augmenta encore les défenses de
son camp. Il était prêt quand un héraut vint le provoquer au combat. C'était tout à fait chevaleresque, mais Castruccio pensa que
la chevalerie était plus nécessaire aux contes qu'à la réalité, et s'il
releva le gant jeté en fixant le jour et le lieu de l'action prochaine,
il se promit bien à part lui de ne pas s'y rendre. Il gagna de la sorte
trois jours ; les âmes généreuses ne devront pas oublier, avant
de lui jeter la pierre, qu'il avait seulement seize cents chevaux et qu'en
politique, le sentiment, malgré son charme indéniable, est toujours
une duperie. Il employa ces trois jours à veiller aux moindres
détails ; tandis que l'avant-garde florentine caracolait sous ses yeux,

1. AMMIRATO, VII. — *Ist. pist.* R. I. S. XI. — VILLANI, X.
2. Liv. VI.

lui, comme un simple ouvrier, comme le dernier des *guastatori*, aidait à couper les arbres et à rendre les fossés plus profonds [1]. Au jour fixé il ne bougea pas davantage et laissa l'armée ennemie se morfondre dans la plaine. Le Sanguinède, se voyant joué, se plaça de façon à couper la route de Serravalle à son adversaire et demeura au *Poggio* de Ripalta [2] ; justement de ce côté les dispositions stratégiques du Castracani étaient formidables. Les escarmouches commencèrent. Mais Castruccio n'abandonnait que de petits retranchements sans grande importance et s'arrangeait de façon à les reprendre la nuit, les Florentins une fois endormis sur les positions conquises ; aussitôt, sans une minute de répit, il réparait les dégâts causés par la bataille, et le lendemain, après le lever du petit jour, tout était à recommencer. Cela dura quelque temps et exaspéra le Sanguinède, d'autant que les choses n'allaient pas dans son camp comme il l'aurait souhaité : suivant l'habitude prise, tout le monde était en désaccord sur la marche à suivre ; le légat de Lombardie demandait que son contingent lui fût renvoyé ; et Castruccio qui entretenait des alliances avec les Allemands au service des Guelfes les faisait peu à peu passer, avec armes et bagages, à son service, sur la promesse d'une forte paye. Un essai suprême fut alors tenté pour rejeter les Lucquois hors de leurs retranchements, mais les Florentins n'y arrivèrent pas et perdirent même beaucoup de monde. Repoussés sur ce point, ils décidèrent d'envahir les territoires de Pise et de Lucques afin de faire lever le siège de Pistoïe et de sauver la ville par le même coup ; ils comptaient, à tort du reste, qu'elle pourrait tenir jusqu'au 20 août. Pistoïe en était incapable ; et le 3 du même mois, son podestat Simone della Tosa entra en pourparlers avec Castruccio, qui, bien entendu, avait continué le blocus. Simone della Tosa venait offrir la reddition avec cette clause que chaque citoyen aurait la vie sauve et pourrait sortir de la ville en emportant ses biens s'il le voulait. Castruccio n'avait pas le temps de discuter et approuva ; l'essentiel était pour lui de faire capituler cette importante place. Il procura des vivres aux habitants, se montra humain autant qu'il avait été féroce, releva

---

1. A. DEI, R. I. S, XV. — VILLANI, X. — *Ist. pistol.* R. I. S. XI — AMMIRATO, VII.
2. REPETTI, IV. — Ripalta est maintenant dans Pistoie même, et a donné son nom à une des plus anciennes portes de la ville.

les murailles en y ajoutant sur certains points des ouvrages avancés et revint à Lucques. Il écrivit à Louis de Bavière afin de détourner le courroux qu'il lui devinait et de ne pas se mettre un nouvel ennemi sur les bras à une heure où il en possédait déjà suffisamment ; il n'avait pas abandonné son plan de conquête au sujet de Florence et conseillait au César de prendre la route d'Arezzo pendant que les gibelins de Romagne soulèveraient le Mugello ; lui-même marcherait sur Prato, et la ville, de la sorte, serait attaquée de tous les côtés à la fois ; il ajoutait que, Florence une fois prise, l'accaparement du royaume de Naples pourrait être tenté sans crainte de complications ; il terminait en insinuant à l'Empereur qu'aucun obstacle ne s'opposerait alors à ce qu'il fût sacré roi d'Italie. Ammirato et Villani [1] écrivent qu'en même temps, n'ayant aucune confiance en l'Empereur et certain de ne pas lui voir suivre ses conseils, il traitait avec les Florentins. Mais ceux-ci avaient coutume de n'être jamais si courageux que dans les revers et n'écoutèrent pas les avances castracaniennes. Que serait-il arrivé dans cette partie suprême si Castruccio eût vécu ? Ce grand capitaine allait malheureusement disparaître en emportant la force de cette petite ville de Lucques qui, sans lui, n'eût jamais connu la gloire.

Machiavel continue à rapporter les faits différemment ; son récit est un beau morceau littéraire qui vaut la peine d'être cité. « Sur ces entrefaites, les Florentins qui étaient mécontents que Castruccio eût profité du temps de la trêve pour se faire seigneur de Pistoie cherchèrent de quelle façon ils pourraient la faire se révolter : cela leur paraissait facile par son absence. Parmi les exilés de Pistoïe qui se trouvaient à Florence, il y avait Baldo Cecchi et Giacopo Baldini, tous deux hommes d'autorité et prompts à répondre à toute injure. Ils entretinrent des intelligences avec leurs amis du dedans et réussirent avec l'aide des Florentins à entrer de nuit dans Pistoïe ; ils en chassèrent les partisans et les officiers de Castruccio, en massacrèrent une partie et rendirent la liberté à la cité. Cette nouvelle causa à Castruccio un grand déplaisir ; il prit congé d'Henri et, à grandes journées, gagna Lucques avec ses gens. Les Florentins, quand ils furent instruits de son retour, pensèrent qu'il ne s'arrêterait pas là et délibérèrent de le

1. X, VII.

précéder et d'entrer les premiers avec leurs gens dans le val de Nievole ; ils jugeaient que, s'ils occupaient cette vallée, ils l'empêcheraient de recouvrer Pistoïe ; et avec une grande armée composée de tous les amis du parti guelfe ils entrèrent dans le territoire de Pistoïe. D'autre part, Castruccio avec ses troupes était venu à Monte-Carlo, et, instruit sur l'endroit où se trouvait l'armée des Florentins, il décida de ne pas aller à leur rencontre et de ne pas les attendre dans les plaines de Pescia, mais, si cela se pouvait, de les affronter dans le défilé de Serravalle, jugeant que si ce dessein lui réussissait, la victoire serait certaine, parce qu'il était informé que les Florentins avaient avec eux quarante mille hommes, alors qu'il n'en avait que douze mille d'élite. En effet, s'il se confiait sur leur courage et leur habileté, il craignait, en attaquant l'ennemi dans un grand espace, que cet ennemi ne l'entourât de ses forces supérieures.

Serravalle est un château entre Pescia et Pistoïe posté sur une colline qui ferme le val de Niévole ; il n'est pas tout à fait sur le passage, mais au-dessus de lui, à la distance d'un trait d'arc. Le lieu par où l'on passe est plus étroit qu'escarpé parce que, de chaque côté, le terrain s'élève doucement ; mais, sur le sommet de la hauteur, là où les eaux se divisent, le passage est si resserré que vingt hommes serrés l'un contre l'autre l'occuperaient. C'était le lieu désigné par Castruccio pour affronter l'ennemi, parce que le petit nombre de ses gens y avait avantage et pour ne le laisser apercevoir aux siens qu'au moment de la lutte, craignant que les siens, devant la multitude de ses ennemis, ne se laissassent effrayer. Le seigneur du château de Serravalle était Messer Manfredi, de nationalité tudesque, qui, avant que Castruccio fût seigneur de Pistoïe, avait été placé en réserve dans cette place forte, comme en un lieu commun aux Lucquois et aux Pistoïens : depuis il n'avait été attribué à aucun des deux partis qui promettaient tous deux de rester neutres sans favoriser aucun des leurs particulièrement ; et cette conduite, jointe à la force de la position, l'avait maintenu dans ce poste. Mais, dans la circonstance présente, Castruccio avait compris l'importance d'occuper cet endroit ; et il s'était servi de son amitié avec un des habitants pour l'ordre et la manière dont il recevrait quatre cents hommes des siens et massacrerait le commandant, la nuit qui précèderait la bagarre.

Les choses ainsi préparées il conserva son armée dans la position de Monte-Carlo pour donner aux Florentins plus de courage à le passer ; ceux-ci, parce qu'ils désiraient éloigner la guerre de Pistoïe et retourner dans le val de Niévole, vinrent camper sous Serravalle dans l'intention de passer le col le jour suivant. Mais Castruccio, s'étant emparé sans bruit du château pendant la nuit, partit au milieu de la nuit de Monte-Carlo et arriva le matin en silence au pied de Serravalle, de telle sorte que lui et les Florentins, chacun de leur côté, commencèrent à monter la colline en même temps. Castruccio avait dirigé son infanterie par la voie ordinaire ; et il avait ordonné à une bande de quatre cents cavaliers qu'il avait sous la main de se porter vers le château sur la gauche. Les Florentins, de leur côté, avaient également envoyé quatre cents cavaliers et ensuite des fantassins avec le reste de l'armée : ils ne croyaient pas trouver Castruccio sur la colline parce qu'ils ne savaient pas qu'il s'était emparé du château, de telle sorte que les cavaliers de Florence, une fois la colline gravie, découvrirent avec étonnement les fantassins de Castruccio et se trouvèrent si près d'eux qu'ils eurent à peine le temps d'attacher leurs casques. Surpris par cette armée rangée en bataille et préparée, avec beaucoup de peine ils résistèrent à l'attaque qu'ils eurent à soutenir ; cependant quelques-uns d'entre eux lui tinrent tête. Mais le bruit de cette action s'étant répandu dans le reste du camp florentin y sema une grande confusion. La cavalerie était pressée par l'infanterie et l'infanterie par la cavalerie et les équipages ; les chefs, à cause de l'étroitesse de l'endroit, ne pouvaient aller ni en arrière ni en avant, et dans une si grande confusion, personne ne savait ce qu'il pouvait ni ce qu'il devait faire. Pendant ce temps, les cavaliers qui en étaient aux mains avec l'infanterie ennemie étaient massacrés, et cela sans pouvoir se défendre parce que la difficulté du terrain l'empêchait et elle résistait plus par suite de la force des choses que par courage ; elle avait en effet des montagnes sur ses deux flancs ; ses amis étaient en arrière et ses ennemis en avant ; il ne leur restait aucune autre voie que la fuite. Cependant Castruccio, s'apercevant que les siens ne suffisaient pas à faire reculer l'ennemi, envoya mille hommes à leur secours par le chemin du château ; les faisant descendre avec quatre cents cavaliers qu'il avait déjà envoyés en avant, ils tombèrent sur les flancs de l'ennemi avec une furie telle que les Florentins ne purent soutenir leur impétuosité et, vaincus plus par l'endroit que par les ennemis, commencèrent à fuir; le signal de leur fuite avait commencé par ceux qui se trouvaient en arrière du côté de Pistoïe et ils se débandèrent à travers la plaine, chacun du mieux qu'il lui fût possible, cherchant son salut. Cette déroute fut complète et pleine de sang. Beaucoup de chefs furent faits prisonniers parmi lesquels Bandini de' Rossi, Francesco Brunelleschi et Giovanni della Tosa, tous nobles florentins, ainsi que beaucoup d'autres toscans et seigneurs napolitains qui, appelés par le roi Robert, avaient combattu en faveur des Guelfes avec les Florentins. Les habitants de Pistoïe, lorsque la défaite leur fut connue, sans différer, chassèrent les amis des Guelfes et se donnèrent à Castruccio. Celui-ci, non content encore de ceci, occupa Prato et toutes les forteresses de la plaine en deçà comme au delà de l'Arno; et il vint ensuite avec son armée dans la plaine de Peretolla, proche de Florence de deux milles; là il resta pas mal de jours à partager le butin et à célébrer sa victoire, faisant battre monnaie en signe de mépris pour les Florentins, et faisant courir des cavaliers, des hommes et des courtisanes. Il ne manqua pas de vouloir corrompre quelques nobles citadins afin qu'ils lui ouvrissent pendant la nuit les portes de Florence : mais la conjuration fut découverte et les conjurés furent décapités ; Tommaso Luppacci et Lambertuccio Frescobaldi se trouvaient parmi eux. A la suite de cela, les Florentins, effrayés par leur défaite, ne voyaient pas de remède pour sauver leur liberté ; afin d'avoir un aide, ils envoyèrent des ambassadeurs à Robert, roi de Naples, pour lui donner la cité et la domination de celle-ci. Ceci fut accepté par le roi, non pas tant à cause de l'honneur que lui faisaient les Florentins que parce qu'il savait de quelle importance était pour la sécurité de ses États que le parti guelfe conservât le gouvernement de la Toscane. Et il convint avec les Florentins qu'il aurait deux cent mille florins par an; alors il leur envoya son fils Charles avec quatre mille cavaliers. Ainsi donc les Florentins se trouvèrent délivrés un peu des troupes de Castruccio qui avait été forcé de quitter leur territoire et d'aller à Pise pour réprimer une conspiration faite contre lui par Benedetto Lanfranchi, un des premiers citoyens de la ville qui ne pouvait supporter de voir sa patrie esclave d'un Lucquois et forma le dessein d'occuper la citadelle, d'en chasser la garnison et de massacrer tous les partisans de Castruccio. Mais si dans ces entreprises, le petit nombre suffit au succès, il ne suffit plus pour l'exécution; tandis qu'il cherchait à réunir des complices, il s'en trouva un qui révéla l'affaire à Castruccio; dans cette révélation furent compris honteusement Bonifacio Cerchi et Giovanni Guidi, florentins qui se trouvaient exilés à Pise : de suite, une fois Benedetto entre ses mains, il le fit massacrer, envoya tout le reste de la famille en exil et fit décapiter beaucoup d'autres nobles. Il jugea qu'il ne pouvait avoir que peu de confiance en Pistoïe et en Pise, aussi chercha-t-il à se les assurer par la force et par la ruse : cela procura aux Florentins le temps de se fortifier et d'attendre l'arrivée de Charles. À peine ce prince fût-il venu, ils résolurent de ne pas perdre de temps et réunirent le plus de troupes possible ensemble en appelant à leur aide presque tous les Guelfes d'Italie; ils formèrent ainsi une très grande armée de plus de trente mille fantassins et de dix mille cavaliers. Et après avoir délibéré sur la cité qu'ils attaqueraient d'abord, soit Pistoïe, soit Pise, ils résolurent qu'il était mieux de combattre Pise en tant que chose plus facile à réussir à cause de la conjuration toute récente qui venait d'y éclater et aussi parce que cela était plus avantageux; ils jugeaient que, Pise une fois entre leurs mains, Pistoïe se rendrait volontairement.

Les Florentins entrèrent en campagne avec leur armée au commencement de mars 1328, occupèrent sans délai Lastra, Signa, Montelupo et Empoli et vinrent camper à San Mignato. Castruccio, d'autre part, sachant la grande armée que les Florentins avaient dirigée contre lui, ne fut effrayé d'aucune façon. Pensant, au contraire, que le temps était venu où la fortune devait remettre entre ses mains l'empire de Toscane, il croyait que les ennemis ne feraient pas de meilleure preuve devant Pise qu'ils n'en avaient fait à Serravalle, et qu'ils n'auraient pas l'espoir de se relever comme alors : ayant réuni vingt mille de ses hommes et quatre mille cavaliers, il plaça son armée à Fucecchio et envoya Paolo Guinigi à Pise avec cinq mille fantassins. Fucecchio est posté dans un endroit plus fort qu'aucun autre château pisan, entre la Gusciana et l'Arno, au milieu, sur un terrain peu élevé; quand on l'occupe, les ennemis ne peuvent, à moins de diviser leurs forces en deux parties, empêcher les vivres d'y arriver soit du côté de Pise, soit du côté de Lucques; ils ne peuvent pas non plus, sans désavantage, s'opposer aux adversaires, ou aller vers Pise. Dans le premier cas, en effet, ils pouvaient se trouver entre les gens de Castruccio et ceux de Pise; dans l'autre, ils avaient à passer l'Arno et ils ne pouvaient le faire, sous la présence de l'ennemi, sans un grand péril. Et Castruccio, cependant, pour leur donner le courage de tenter ce dernier moyen, n'avait pas posté ses gens immédiatement sur la rive de l'Arno, mais les avait rapprochés des murs de Fuccecchio — et avait laissé un assez grand espace entre le fleuve et lui.

Les Florentins ayant occupé San Mignato tinrent conseil pour savoir ce qu'ils devaient faire : ou aller sur Pise, ou trouver Castruccio ; la difficulté offerte par ces deux partis une fois mesurée, ils se résolurent pour l'attaque. L'Arno était si bas qu'on pouvait le traverser à gué, mais les fantassins avaient de l'eau jusqu'aux épaules et les cavaliers jusqu'à la selle. La matinée du 10 juin une fois venue, les Florentins en ordre s'avancèrent et commencèrent à faire passer le fleuve à une partie de leur cavalerie et, sur un bateau, à dix mille fantassins. Castruccio, qui avait préparé un plan, n'attendait que l'occasion de l'exécuter ; il les attaqua avec cinq mille fantassins et trois mille cavaliers et sans leur donner le temps de sortir tout à fait de l'eau, il était déjà aux prises avec eux : mille fantassins furent envoyés en même temps sur la rive supérieure de l'Arno, et mille sur la rive inférieure. Les Florentins chargés par l'eau et leurs armes n'étaient pas encore sortis du lit du fleuve. Les chevaux qui passèrent les premiers ayant enfoncé le terrain de l'Arno rendirent le passage beaucoup plus difficile aux autres ; les uns, ne trouvant plus de fond, se cabraient, les autres s'enfonçaient tellement dans la boue qu'ils ne pouvaient s'en tirer. Les capitaines florentins, s'apercevant de la difficulté du passage en cet endroit, firent remonter plus haut le fleuve pour trouver un terrain qui ne fût pas mou et un gué plus facile. Mais les troupes que Castruccio avait envoyées le long des bords s'opposèrent à leur entreprise ; ces troupes, armées à la légère, avec des rondaches et des becs de galère, les recevaient à grands cris en les frappant au front et à la poitrine ; de telle sorte que les chevaux épouvantés des coups et des cris ne voulaient pas passer plus avant et se renversaient les uns sur les autres. La mêlée entre les troupes de Castruccio et celles qui étaient passées fut âpre et terrible. De chaque côté, les morts étaient nombreux, et chacun s'ingéniait avec le plus de force possible à dominer l'adversaire. Les hommes de Castruccio voulaient rejeter l'ennemi dans le fleuve ; les Florentins les voulaient repousser pour donner au reste de leur armée la possibilité de sortir de l'eau et de combattre : leur obstination était soutenue par l'exemple des chefs. Castruccio rappelait aux siens que c'étaient les mêmes ennemis qu'ils avaient vaincus peu de temps auparavant à Serravalle ; et les Florentins se reprochaient comme une honte de se laisser vaincre par un adversaire aussi inférieur. Mais Castruccio voyant que la bataille durait, que ses troupes et celles de l'adversaire étaient fatiguées et que de toutes parts les morts et les blessés se multipliaient, fit avancer une nouvelle bande de cinq mille fantassins et, les ayant conduits jusque derrière ceux qui combattaient, il donna l'ordre à ceux qui étaient en avant de s'ouvrir et, comme s'ils battaient en retraite, de se diviser en deux parties qui se retireraient l'une à droite, l'autre à gauche. Ce mouvement une fois fait donna aux Florentins l'espace nécessaire à marcher en avant et à gagner un peu de terrain. Mais leurs troupes fatiguées en venant aux mains avec des troupes fraîches ne purent résister longtemps et furent rejetées dans le fleuve. La cavalerie de l'un et de l'autre adversaire n'avait pas encore eu d'avantages — parce que Castruccio, connaissant l'infériorité de la sienne, avait recommandé à ses lieutenants de soutenir seulement le choc ennemi ; il espérait triompher de leur infanterie et, celle-ci une fois vaincue, de pouvoir plus facilement battre les cavaliers : le succès répondit à ses projets. En effet, ayant vu les fantassins ennemis se retirer dans le fleuve, il envoya ce qui lui restait de son infanterie à la poursuite de la cavalerie ennemie ; et tandis qu'elle l'attaquait en lui portant des coups de lances et de dards, la cavalerie de Castruccio fondant sur elle avec la plus grande furie, la mit en fuite. Les capitaines florentins, voyant la difficulté que leurs cavaliers avaient à passer, tentèrent de faire passer l'infanterie dans la partie inférieure du fleuve afin de prendre en flanc les troupes de Castruccio. Mais les rives étant escarpées et gardées par les troupes de celui-ci, ils essayèrent en vain ; alors tout le camp fut en déroute au grand honneur et à la grande gloire de Castruccio ; et de toute cette multitude à peine le tiers s'échappa-t-il. — Un grand nombre de chefs furent pris et Charles, fils du roi Robert, avec Michel Agnolo Falconi et Taddeo degli Albizzi, commissaire florentin, s'enfuirent à Empoli. Le butin fut grand ; le carnage plus grand encore, comme on peut le conjecturer après un tel combat : du côté de l'armée florentine vingt mille deux cent trente-et-un hommes furent tués et mille cinq soixante-dix du côté de Castruccio. »

*
* *

« Lorsque Castruccio, raconte Giovanni Villani [1], eut recouvré Pistoïe par sa grande prudence, sa persévérance et sa valeur, il retourna dans sa ville de Lucques, comme un triomphateur couvert de gloire. Il était alors au faîte de sa grandeur, plus fortuné dans ses entreprises et plus redouté qu'aucun seigneur ou tyran italien qui eût régné depuis bien des siècles. Il était seigneur de Lucques, de Pise, de Pistoïe, de la Lunigiane, d'une grande partie de la rivière du Levant de Gênes, et de plus de trois cents châteaux fortifiés. Mais Dieu, selon l'ordre de nature, égale le grand au petit et le riche au pauvre. A la suite des fatigues excessives auxquelles il s'était exposé dans le siège de Pistoïe, toujours couvert de son armure, tantôt à cheval, tantôt à pied, pour surveiller les gardes, exciter les travailleurs, élever des redoutes, ouvrir des tranchées et commencer chaque ouvrage de ses propres mains, afin que chacun y travaillât malgré l'ardeur du soleil dans la canicule, il tomba grièvement malade, d'une fièvre continue, et une fièvre semblable se manifesta dans l'armée qu'il conduisait. »

Cette maladie allait emporter d'abord Galeazzo Visconti ; il en fut atteint au château de Pescia, et là, cet homme qui avait été seigneur de Milan et de sept grandes villes, Pavie, Lodi, Crémone, Côme, Bergame, Novare et Verceil, réduit à n'être qu'un simple mercenaire, mourut en peu de jours, misérable et excommunié. — Castruccio devait reconnaître bientôt après à son tour qu'il était atteint mortellement.

La mort ne pouvait effrayer un tel homme. Il en souffrit surtout parce qu'il savait sa valeur et que son œuvre ne lui survivrait pas : « Après moi, dit-il, vous verrez tout se détraquer. » Il refit son testament. Il laissait trois fils légitimes sous la tutelle de sa femme, de la famille des Streghi [2], ainsi que deux filles et un bâtard ;

1. X.
2 BEVERINI, VI. — MAZZAROZA, I.

l'aîné des fils, Henri, recevait le duché de Lucques [1]. Il lui ordonna
de cacher sa mort et au moment où sa fin approcherait, de se rendre
à Pise au galop afin de « courir la ville » avec sa cavalerie ; il le
priait de ne revenir le pleurer et l'enterrer qu'une fois sa souveraineté nouvelle établie. Il formula ensuite le désir d'être enseveli la
tête en bas, voulant signifier par là que tout irait bientôt à l'envers.
Et il rendit l'âme le samedi 3 septembre de l'année 1328. Il avait
à peine quarante-sept ans. Sa mort, selon ses ordres, ne fut connue
que le 10. Les funérailles eurent lieu le 14. Il fut inhumé en grande
pompe au couvent des frères mineurs de Saint-François [2]. Un chro-
niqueur lucquois, Beverini [3], dit à son sujet : « La liberté, puisque
les temps le voulaient ainsi, ne pouvait périr plus honorablement
que par ses mains. »

Il faut encore citer Machiavel à propos de cette fin : « Mais la
fortune, ennemie de toute gloire, alors qu'il était l'heure de lui
doubler sa vie, la lui enleva toute et vint interrompre les projets
qu'il se disposait depuis longtemps à exécuter, et que la mort seule
pouvait empêcher justement. Il s'était extrêmement fatigué durant
toute la journée qu'avait duré la bataille, et, quand la fin en fut
venue, accablé de lassitude et de sueur, il s'arrêta sur la porte de
Fucecchio pour attendre ses troupes qui revenaient de la victoire et
les recevoir et les remercier par sa présence, et en partie aussi pour
voir si l'ennemi, en résistant encore sur quelque point, ne lui don-
nait pas lieu d'y remédier promptement ; car il pensait que le devoir
d'un bon capitaine est de monter à cheval le premier et d'en
descendre le dernier. Il resta donc exposé à un vent qui s'élève à
l'ordinaire de l'Arno vers le milieu du jour, et qui est extrêmement
contagieux toujours ; et ce vent le glaça tout entier. Il n'y prit
même pas attention, comme un désagrément auquel il était souvent
habitué, et cela fut cause de sa mort. La nuit suivante, il fut attaqué d'une très grande fièvre qui alla tout le temps en augmentant,
de manière que tous les médecins jugèrent son mal mortel. Il fit
alors appeler Pagolo Guinigi et lui dit ces paroles : « Si j'avais cru,

1. « Henricum primogenitum nostrum, quem tanquam majorem natu indicto ducatu
successorem instituendo eligimus et declaramus ». — *Le azioni di Castruccio* d'ALDO
MANUZIO.

2. VILLANI, X. — *Ist. Pist.*, p. 541. — TEGRIMI. — ANDREA DEI, XV. — *Chron. de
Pisa*, XV.

3. XI.

mon cher fils, que la fortune eût voulu entraver au milieu de sa course le chemin devant me conduire à cette gloire que je me promettais de tant de succès heureux, je t'aurais laissé moins d'États sans doute et encore moins d'envieux et d'ennemis : content de la souveraineté de Lucques et de Pise, je n'aurais ni subjugué les habitants de Pistoïe, ni si profondément irrité les Florentins ; j'aurais gagné l'amitié de ces deux peuples, ma vie aurait été plus agréable sinon plus longue et je t'aurais laissé un État plus petit sans doute, mais plus sûr et plus affermi. Mais la fortune qui veut être arbitre de toutes les choses humaines, ne m'a pas accordé assez de discernement pour connaître ses projets, ni assez de temps pour pouvoir en triompher. . . . .

Je te laisse donc héritier d'un État puissant ; et c'est ce qui fait ma joie ; mais parce que je le laisse faible et mal affermi, je suis très triste. Il te reste la cité de Lucques qui ne sera jamais contente de vivre sous ta domination ; Pise dont les habitants sont de nature mobile et pleins de perfidie, et qui, encore que de tout temps elle soit habituée à servir, s'indignera toujours d'avoir pour seigneur un Lucquois. Il te reste encore Pistoïe, peu fidèle, parce qu'elle est divisée et parce qu'elle est irritée contre notre sang par de récentes injures. Tu as pour voisins les Florentins, offensés par nous et injuriés de mille manières, et pas encore détruits ; le bruit de ma mort leur fera plus de plaisir peut-être que l'acquisition de toute la Toscane. Tu ne peux avoir confiance ni dans Milan, ni dans l'Empereur, parce qu'ils sont lents, trop éloignés, et leurs secours seraient tardifs. Tu ne dois donc espérer en rien en dehors de ton habileté, du souvenir de mon courage, et de la réputation que te vaut la présente victoire ; si tu sais en user avec sagesse, elle te permettra de faire alliance avec les Florentins. Ceux-ci, encore épouvantés de leur récente déroute, doivent condescendre à ton désir avec empressement : au lieu de chercher à irriter leur haine, comme moi, dans la pensée que leur inimitié devait me servir à posséder puissance et gloire, tu dois employer tout ton effort à chercher à t'en faire des amis, parce que leur amitié te vaudra ton avantage et ta sécurité. C'est une chose bien importante en ce monde de se connaître soi-même et de savoir mesurer les forces du courage à la grandeur de ses États ; et si on ne se reconnaît pas appelé à la guerre, on doit s'arranger à régner par les arts et par la paix. C'est ce que je te conseille ainsi que de tâcher, pendant ta vie, de jouir du fruit de mes travaux et de mes dangers : et tu y parviendras facilement, si tu estimes vrais mes avis. Et tu m'auras alors deux obligations : l'une de t'avoir laissé mes États, l'autre de t'avoir enseigné à les conserver .... »

Castruccio fut ainsi, comme je l'ai démontré, un homme rare non seulement pour son temps, mais qui l'eût été dans les temps passés. Il était d'une taille au-dessus de l'ordinaire, et bien proportionné de tous les membres ; il avait tant de grâce dans l'aspect et recevait les gens avec une telle humanité que jamais aucun de ceux qui vinrent lui parler ne se retira mécontent. Ses cheveux tiraient sur le rouge et il les portait tondus au-dessus des oreilles ; et toujours, par tout temps, qu'il pleuve ou qu'il neige, il allait la tête découverte. Il était dévoué à ses amis, terrible à ses ennemis, juste envers ses sujets, sans foi avec les gens sans foi ; là où il pouvait réussir par ruse, il ne chercha jamais à vaincre par la force ; il disait en effet que la victoire, et non la façon de vaincre, produisait la gloire. Personne ne fut jamais plus audacieux à entrer dans les dangers ni plus prudent pour en sortir ; il avait coutume de dire que les hommes doivent tout tenter et ne rien craindre, parce que Dieu aimait les hommes forts, et qu'on le voit toujours employer le puissant pour châtier celui qui ne l'est pas. »

Machiavel raconte qu'il se faisait également remarquer par son esprit et le plaisir qu'il avait à en découvrir chez les autres ; la plupart de ces anecdotes sont intéressantes quoique citées brutalement les unes à la suite des autres, comme une manière de catalogue ; beaucoup d'entre elles sont sans doute inventées, sinon toutes. « Il avait fait acheter une perdrix grise un ducat et un de ses amis lui en faisant le reproche, il répondit : « Ne l'achèteriez-vous pas plus d'un sou ? — Sans doute, répondit l'ami. — Eh bien, un ducat est pour moi beaucoup moins. »

Un flatteur le poursuivait de ses louanges ; Castruccio, pour lui témoigner tout son mépris, lui cracha dans la figure. Cet homme lui dit alors : « Les pêcheurs, pour prendre un petit poisson, se laissent mouiller entièrement par les eaux de la mer ; je me laisserai bien mouiller par un crachat pour attraper une baleine. » Castruccio, loin de se fâcher de cette répartie, l'en récompensa.

Un moine lui reprochant de vivre avec trop de splendeur, il lui répliqua : « Si c'était un péché, vous ne feriez pas de si beaux repas aux fêtes de vos saints. »

Un jour qu'il passait dans la rue, il aperçut un jeune homme qui sortait de chez une courtisane et qui se mit à rougir en l'apercevant ; il lui dit : « Ce n'est pas d'en sortir que tu dois avoir honte, mais d'y être entré. »

Un de ses amis lui ayant donné à défaire un nœud fait avec beaucoup d'art : « Es-tu fou de supposer, lui dit-il, que je veuille défaire une chose qui, liée, me donne déjà tant de peine ? »

Castruccio disait à un certain homme qui faisait métier de philosophe : « Vous êtes comme les chiens qui rôdent sans cesse autour de ceux dont ils attendent de bons morceaux. — Dites plutôt, répartit celui-ci, comme les médecins qui ne se rendent qu'auprès de ceux auxquels leurs secours sont le plus nécessaires. »

Il allait par mer de Pise à Livourne, quand il survint une tempête extrêmement dangereuse. Castruccio en parut effrayé ; et l'un de ceux qui se trouvaient avec lui lui reprocha sa pusillanimité, en ajoutant qu'il n'avait peur de rien : « Je ne m'en étonne pas, répondit-il, chacun estime sa vie ce qu'elle vaut. »

Quelqu'un lui demandait comment il était parvenu à obtenir une aussi grande estime ; il lui réplique : « Faites en sorte, quand vous êtes invité à un grand repas, que ce ne soit pas un morceau de bois qui s'asseye sur un morceau de bois. »

Un homme se glorifiait devant lui d'avoir beaucoup lu : « Il vaudrait mieux, dit Castruccio, avoir beaucoup retenu. »

Un autre se vantait de boire beaucoup sans s'enivrer : « Un bœuf en fait autant », lui dit-il.

Il vivait dans la plus grande intimité avec une jeune fille ; un de ses amis l'en blâmait et lui reprochait surtout de s'être laissé prendre par une femme : « Tu t'es trompé, dit Castruccio, c'est moi qui l'ai prise et non elle qui m'a pris. »

Un autre de ses amis le blâmait de faire usage de mets trop délicats ; il lui dit : « Tu ne dépenserais donc pas pour les avoir autant que je dépense ? — Non, sans doute, répondit l'autre. — En ce cas, tu es plus avare encore que je ne suis gourmand. »

Il avait été invité à souper par Taddeo Bernardi, habitant de Lucques, renommé par son opulence et son faste. Lorsqu'il fut arrivé à la demeure de son hôte, Taddeo lui fit voir une chambre toute tendue de riches draperies, et dont le pavé incrusté de pierres fines de diverses couleurs, représentait des fleurs, des feuillages, des fruits et autres ornements de ce genre. Castruccio, ayant amassé une grande quantité de salive dans sa bouche, cracha au visage de Taddeo. Celui-ci, ayant manifesté son mécontentement, Castruccio lui dit : « Je n'ai vu que cet endroit où je pusse cracher sans te faire tort. »

Quelqu'un lui demandant comment César était mort : « Dieu veuille que je meure comme lui ! »

Se trouvant une nuit dans la maison d'un de ses gentilshommes où un grand nombre de dames avaient été priées pour assister à une fête, il se livra aux jeux et à la danse avec plus d'ardeur qu'il ne convenait à sa dignité ; un de ses amis lui en fit des reproches : « Celui qui passe pour sage pendant le jour, lui répondit-il, ne saurait être regardé comme fou pendant la nuit. »

Quelqu'un étant venu lui demander une grâce, il fit semblant de ne pas l'entendre. Celui-ci se jeta à genoux. Castruccio l'en réprimanda : « C'est de ta faute, lui répondit le solliciteur, puisque tes oreilles sont à tes pieds. » Charmé de cette répartie, il lui accorda une grâce double de celle qu'il lui demandait.

Il avait coutume de dire que rien n'était plus aisé que d'aller en enfer parce que le chemin descend toujours et qu'on y va les yeux fermés.

Quelqu'un lui demandant encore une grâce dans un long discours rempli de choses superflues, il lui dit : « Quand tu voudras obtenir de moi quelque chose, envoie-moi quelqu'un à ta place. »

Un autre bavard l'ayant fatigué par un long discours et l'ayant terminé par ces mots : « Peut-être vous ai-je fatigué en vous parlant aussi longtemps ? — N'ayez aucune crainte, lui dit-il, je n'ai rien entendu de ce que vous m'avez dit. »

Il avait habitude de dire au sujet de quelqu'un qui avait été bel enfant et ensuite bel homme : « L'existence de cet homme est un mal continuel ; car il enlevait d'abord les maris à leurs femmes, et maintenant ce sont les femmes qu'il ravit à leurs maris. »

Il demandait à un envieux qu'il voyait rire : « Ris-tu parce qu'il t'est arrivé quelque chose d'heureux ou parce qu'un autre est malheureux ? »

Tandis qu'il était encore sous la protection de Francesco Guinigi, un de ses compagnons lui dit : « Que veux-tu que je te donne pour te laisser donner un soufflet? — Un casque ! » répondit Castruccio.

Il avait fait condamner à mort un citoyen de Lucques qui avait été l'une des causes de sa grandeur ; quelqu'un lui ayant dit qu'il avait mal agi en faisant mourir un de ses vieux amis : « Vous vous trompez, répondit-il, c'est un ennemi nouveau que j'ai fait mourir. »

Castruccio approuvait grandement les hommes qui choisissent d'abord une femme et ne l'épousent jamais, ainsi que ceux qui projettent sans cesse de voyager par mer sans jamais s'embarquer : « Je ne puis, en effet, m'empêcher d'être étonné, disait-il, que si l'on veut acheter un vase de terre ou de verre, on le fasse résonner pour voir s'il est bon, et que, si l'on prend une femme, on se contente de la vue..... »

Un jour qu'il passait par une rue où se trouvait une très petite maison qui avait elle-même une grande porte : « Cette maison, s'écria-t-il, va s'enfuir par la porte. »

Et quelqu'un ayant fait écrire sur sa propre porte l'inscription latine suivante : « Dieu la garde des méchants », il la vit, et s'écria : « Qu'il se garde lui-même d'entrer ! »

*
* *

Castruccio Castracani des Interminelli méprisait l'astrologie [1], ce qui est rare pour son temps. Il favorisa les lettres bien qu'il ne s'y entendît pas spécialement. Malgré l'exiguïté de son territoire, il était universellement connu. Gênes et Pise le prirent une fois comme arbitre [2]. On le voit au Campo Santo de Pise, dans le *Triomphe de la Mort* attribué à l'Orcagana et à son frère Nardo [3] : il est près d'une jeune femme qui joue de la cithare en tournant mystérieusement la tête de son côté ; il semble peu troublé d'ailleurs par elle et en regarder une autre, moins jolie ; selon l'indica-

---

1. *Tegrimi* « prodigia nuntiata monstruosus partus et iis similia irridebat : superstitiones aniles appellans. »

2. *Mazzarosa*, I.

3. Aujourd'hui M. Milanesi les attribue à Bernardo Daddi (voir Burckhardt, page 514).

4. Vie des Peintres.

tion de Vasari [4], « il porte un capuchon d'azur et un épervier sur le poing. » — Il se trouve encore en une autre partie de cette fresque, bien que cette fois Vasari ne l'indique pas ; mais les deux personnages sont trop ressemblants pour ne pas représenter le même individu. Castruccio, accompagné de cavaliers dont un se bouche le nez, est ici à cheval ; il désigne du doigt, avec une curiosité froide, à ses compagnons, une des trois bières qui sont ouvertes devant eux, destinées sans doute, dans la pensée du peintre, à montrer, restreintes en trois phases, les étapes de la pourriture humaine [1].

1. On trouve encore des portraits gravés de Castruccio dans l'édition de Lucques de sa vie par Tegrimi, dans les *Éloges* de Paul Jove et dans *Rittrati di cento capitani illustri* da *Filippo Thomassino* et *Giovan. Turpino. Roma*, 1600.

MÂCON, PROTAT FRÈRES, IMPRIMEURS

www.ingramcontent.com/pod-product-compliance
Ingram Content Group UK Ltd.
Pitfield, Milton Keynes, MK11 3LW, UK
UKHW031829170726
13836UKWH00004B/1585